Justice et Critique

正义与批评

[美国] 约翰·罗尔斯 等 —— 著

曹冬雪 —— 译

译林出版社

图书在版编目（CIP）数据

正义与批评 ／（美）约翰·罗尔斯
(John Bordley Rawls) 等著；曹冬雪译 ．—南京：译林出版社，2023.5
ISBN 978-7-5447-9550-0

Ⅰ.①正… Ⅱ.①约…②曹… Ⅲ.①社会科学－文集 Ⅳ.①C53

中国国家版本馆 CIP 数据核字（2023）第 019503 号

Justice et critique by John Rawls
Copyright © Editions de l'EHESS
Simplified Chinese translation copyright © 2023 by Yilin Press, Ltd
All rights reserved.

著作权合同登记号 图字：10-2015-554号

Liberté et égalité by Raymond Aron
Copyright © Editions de l'EHESS
Simplified Chinese translation copyright © 2023 by Yilin Press, Ltd
All rights reserved.

著作权合同登记号 图字：10-2015-555号

La grande étrangère : À propos de littérature by Michel Foucault
Copyright © Editions de l'EHESS
Simplified Chinese translation copyright © 2023 by Yilin Press, Ltd
All rights reserved.

著作权合同登记号 图字：10-2015-556号

正义与批评 ［美国］约翰·罗尔斯 等／著 曹冬雪／译

责任编辑 张海波
特约编辑 陈秋实
装帧设计 胡 苨
校　对 戴小娥
责任印制 单 莉

原文出版 Éditions EHESS, 2014
出版发行 译林出版社
地　址 南京市湖南路 1 号 A 楼
邮　箱 yilin@yilin.com
网　址 www.yilin.com
市场热线 025-86633278
排　版 南京展望文化发展有限公司
印　刷 江苏凤凰通达印刷有限公司
开　本 880 毫米 ×1230 毫米 1/32
印　张 10.125
插　页 2
版　次 2023 年 5 月第 1 版
印　次 2023 年 5 月第 1 次印刷
书　号 ISBN 978-7-5447-9550-0
定　价 68.00 元

目 录

◆正义与批评◆

约翰·罗尔斯

导　言

正义之辩

我始终将哲学视为一门对话的学科。

——《约翰·罗尔斯:为了记录》

原载于《哈佛哲学评论》第 43 页

　　跟一位哲学家的对话并不一定是苏格拉底式的。读者们将要读到的这篇访谈主要通过哲学家的生平与创作生涯来探讨哲学问题。1991 年 3 月 20 日,约翰·罗尔斯在他哈佛大学的办公室里接受了三位本科生的采访。三位学生的问题都很直接:"您是怎么开始对哲学感兴趣的?""您是怎么面对批评的?"等等。有些问题比较个人化:"出名的感觉如何?""在哈佛大学哲学系内部有学者对您提出了一些非常著名的批评,这对您产生了什么影响?"而有些问题的政治性更强:"您从未想过进入政界吗?"还有些问题明显侧重于教育:"如果在 1991 年,面对一名喜欢哲学的大学生,您有什么话要说? 您会让他投身于哲学事业吗?"

　　这篇访谈之所以有着亲密的氛围,主要因为采访人是他自己的三名学生。[①]访谈过程中，罗尔斯不像在教学时那样主导对话，而由学生引领前行，去涉足自己从未考虑过的问题。实际上，我们仅有的另外一篇罗尔斯的访谈也是基于同样的情境获得的，同样是学生的采访，同样是由学生来主导对话。[②]这篇访谈因建立于对话双方的信任关系之上，才得以全景式介绍罗尔斯的哲学生平，这对我们读者而言不啻为一桩幸事。访谈确实涉及罗尔斯治学生涯的方方面面，从他幼年还被称作"杰克"时在康涅狄格州一所私立学校接受的教育一直谈到他1991年的计划，包括他1943年至1946年的从军经历，在普林斯顿、康奈尔、麻省理工以及哈佛的治学历程，他在牛津、斯坦福与密歇根大学度过的学术休假期，当然也提到了他与当代政治和历史的关系。

哲学作为一门对话的学科

《正义论》的作者很早便遭受口吃的痛苦，讲话成了他窘

---

① 这三名学生分别是乔舒亚·哈兰(Joshua D. Harlan)、塞缪尔·艾巴尔(Samuel R. Aybar)与翁·李(Won J. Lee)。其中，作为《哈佛哲学评论》(*The Havard Review of Philosophy*，罗尔斯的这篇访谈发表于这本学生刊物)创办人的哈兰曾于1989—1993年间就读于哈佛大学哲学系，此后继续在牛津大学、耶鲁大学求学，最终的职业是金融分析员。艾巴尔在哈佛大学取得哲学与经济学学士学位。李曾是哈佛大学的学生。
② 这篇访谈名为《政治、宗教与公共利益：哲学家约翰·罗尔斯访谈》(*Politics, religion and the public good: An interview with philosopher John Rawls*)，采访人是Bernard G. Prusak，《公益》杂志(*Commonweal*)，第125卷，第16期，1998年9月25日。

迫与惧怕的根源。他的两个弟弟鲍勃和汤姆在被他传染患病之后夭折，他之所以口吃，很可能受此影响。①所以，罗尔斯一生虽然能在研讨会和课堂的私密氛围中谈笑风生，但很难接受公开演讲的巨大考验。语言问题不仅是生存问题，同样也是他1939年至1943年间在普林斯顿学习哲学时以分析形式呈现出来的核心问题，当时对他最具影响的教授之一是曾在剑桥师从维特根斯坦 (Ludwig Wittgenstein, 1889—1951) 的诺曼·马尔康姆 (Norman Malcolm, 1911—1990)。

想要理解罗尔斯对语言所持的哲学立场，仅需阅读他个人极为欣赏的一部著作：布莱恩·巴里的《政治论证》②：根据巴里的观点，如果说语言能够起到说服他人改变立场的作用，它仅在以下这一点上使政治哲学感兴趣，即它能够提供证明改变立场为合理的理由。③因此，哲学家不应从修辞角度来考虑语言，而应将其作为我们表达与交流意图的手段，这些

---

① 托马斯·博格《罗尔斯：生平与正义理论》(Thomas Pogge, *John Rawls: His Life and Theory of Justice*)，由德文译成，译者 Michelle Kosch，牛津大学出版社，2007年，第5页。(国内已有中译本，2010年由中国人民大学出版社出版。——译注)

② 见本书第56页。布莱恩·巴里 (Brian M. Barry, 1936—2009)：著有《政治论证》(*Political Argument*, Oxford, Routledge, 1965)。他是最先对《正义论》进行学术批评的学者之一，撰写了《正义的自由主义理论：对罗尔斯〈正义论〉主要观念的批评》(*Liberal Theory of Justice: Critical Examination of the Principal Doctrines in "Theory of Justice" by John Rawls*)，牛津大学出版社，1973年。

③ 布莱恩·巴里《政治论证》(Brian M. Barry, *Political Argument*)，纽约 Routledge and Kegan Paul 出版，1965年，第2页。

意图同样也是行动（或不行动）的理由，而这些理由构成我们所说的论证。当罗尔斯在《正义论》中将正义的原则作为一种选择对象并进行定义时[1]，他明显属于一种强调论证的哲学传统。

在信息有限的条件下——"原初状态"与著名的"无知之幕"——选择正义原则的最初机制的目标在于构建一种理性论证：人人都可以拿自己的正义观与之进行比较。修辞学从实际产生的效果来考虑政治话语，而罗尔斯隶属于一种反修辞的传统，根据这一传统，论证的可靠性并非来自实际产生的说服力，而是来自论证结构自身。更确切地说，《正义论》的目标在于通过对信息进行形式限制，对正义原则严格地定义来使得论证的构建尽可能摆脱偏见。[2]换言之，《正义论》并不企图将我们变成懂得运用话术为己谋利的雄辩家；而是要将我们变成无视任何既定政治成见，能对政治体制进行评判的公民。如果说排除了辩术，这样一种计划难道不意味着一种至少是论证式的讨论吗？如果说其目标在于确定政治论

[1]《正义论》，罗尔斯著，何怀宏、何包钢、廖申白译，中国社会科学出版社，2009年，第91页："公平的正义的直觉观念是：正义的首要原则本身是在一个恰当定义的最初状况中的原初契约的目标。"原文作者引用的是法文版译文，此处引用中文版译文，后面引文皆如此。——译注
[2]《正义论》，第31小节，第157页："任何会导致偏见、曲解和人际敌视的知识都被排除了。"

证所能达到的最高形式，难道我们不该想象出一种将这种形式的选择作为争辩焦点的哲学议会吗？

《正义论》开篇在讲述原初状态时，假定各方努力就正义原则达成一致，每个人在理论给予的形式限制下进行慎思，而不是像在一个议会上那样与众人一起思考。在这个层面上，我们不能说这是一场哲学对话，因为民主生活的条件以及正义的原则都不是在一场讨论之后确定下来的。如果说各方不需要为了就正义的原则达成一致而互相交流，那是因为罗尔斯觉得原初状态不等同于谈判桌，在谈判桌上，强者的法则可能压倒一切。[1]为使原初状态的描述"更生动"[2]，我们也许可以"想象各方被要求通过一个作为中介的仲裁人来互相交流"，这个人要"宣布究竟有哪些可供选择的原则以及支持它们的理由"。[3]罗尔斯在访谈中曾提起过[4]，这一方案是他早年起草的，但最终没有被他采用。各方不需要进行交流，也不需要一个在不同提议之间进行决断的仲裁人，因为从根本上而言，"各方的思考一定是相似的"。[5]慎思的一致性，使各方

---

[1]《正义论》，第24小节，第109页："根据威胁优势来分配不是一个正义原则。"

[2] 同上书，第107页。

[3] 同上。

[4] 见本书第48页。

[5]《正义论》第107页。

不经过协商即可达成一致，这就使得契约观相当可疑。[1]然而，正义原则的公平性正来自以下事实：正义原则的确定不是讨价还价的结果。只要我不知道自己的社会地位以及相应的利益，我就无法通过讨价还价来选择那些损人利己的原则。因此，原初状态下各方之间缺少交流，这不应被视为理论的缺陷。恰恰相反，这证明了选择原则时的环境具有公正性，以及原则本身也具有公正性。既然原初状态并非一种交流的状态，我们就**更**非处于哈贝马斯所描述下的完美的交流状态，不过这并不影响两位哲学家进行卓有成效的辩论。[2]

然而，正如我们刚才见到的那样，如果不经过规矩的讨论去选择原则，罗尔斯又凭什么确认哲学是一门"对话的学科"[3]？为什么他将原初状态视为"讨论章程"(constitution of discussion)？原因在于，原初状态不仅确立了用以评判社会体制的高级准则，也确立了一种民主辩论的公正条件。如果说罗尔斯在理想理论中让各方之间没有交流，那是为了让

---

① 见让·汉普顿《契约与选择：罗尔斯持有社会契约理论吗？》(Jean Hampton, *Contracts and choices: Does Rawls have a social contract theory?*)，*The Journal of Philosophy*, vol. 77，第 6 期，1980 年 6 月。

② 哈贝马斯与罗尔斯，《关于政治正义的辩论》(*Débat sur la justice politique*)，译自英文和德文，译者 Rainer Rochlitz, Catherine Audard，巴黎 Cerf 出版社，1997 年。另可参见哈贝马斯关于对话的伦理学著作：哈贝马斯，《对话伦理学》(*De l'éthique de la discussion*)，译自德文，译者 Mark Hunyadi，巴黎 Cerf 出版社，1992 年，第 14 页。

③ 见本书第 59 页。

各方更好地对正义标准进行慎思，而绝非为了促进一种软弱共识下的民主，同样也不是为了促进一种教条式的民主，这种教条式的民主被形容为"政治正确"并因此遭到批判。罗尔斯毫不含糊地强调，无论在何种情形下，正义论都不能代替每个人的自主判断："[将它]视为解答问题的工具，可以在任何时候解答任何问题，这种想法是极端错误的。"[①]拥有一种理论工具来清除我们各项制度里的偏见与不公正，这并不意味着要剥夺每个人自主判断的能力。

　　自1971年出版以来，《正义论》成为哲学领域极为重要的讨论对象，它引起了各种异议，作者又对很多异议进行了答复。我们有必要去理解罗尔斯是如何看待批评这一哲学对话的：他跟批评者既不亲密亦无默契。对于以下问题："当您和像诺齐克这样的人有批评性的意见要交换时，你们只是在重要哲学期刊上笔战，还是坐在办公室里辩论？"[②]罗尔斯援引哈特的例子作答，哈特是牛津大学的哲学家，罗尔斯曾于1952年至1953年间在牛津听过他的课，并与他有着毕生的交流。在讲到哈特，而非诺齐克时，罗尔斯承认他通常更喜欢先通过交谈来讨论某个观点，然后再进行正式的学术论辩。但

---

① 见本书第65页。
② 见本书第59页。

有必要指出的是，除了罗尔斯在牛津度过的那一年（1952—1953）、1986年，以及哈特在哈佛的几次访问之外，罗尔斯与哈特的面对面交谈并不多。至于跟哈佛同事诺齐克的讨论，至少可以说，罗尔斯的回答并不十分明确。访谈中给大家留下的印象是，罗尔斯与《无政府、国家与乌托邦》[①]的作者并没有当面讨论过问题，即使他对作者的某些观点持欣赏态度。[②]然而问题的关键还不在于此。从1941年秋诺曼·马尔康姆在普林斯顿对罗尔斯的一篇论文提出尖刻的批评[③]开始，批评对罗尔斯的功用就在于能够让他以更强有力的方式表达自己的思想。罗尔斯承认他并不是不在意自己的答复在学术界引起的反应，然而他明确指出，一种批评唯有在能让"思想更为有力"的时候才是重要的；如果说批评是重要的，那是因为，如同柏拉图所说（《智者篇》，263e），批评促进了灵魂与自我的沟通。

尽管罗尔斯声称他"始终把哲学视为一门对话的学科"[④]，但他也承认在《正义论》中，对于何谓"好的生活"的

---

① 诺齐克（Robert Nozick）《无政府、国家与乌托邦》（*Anarchy, State, and Utopia*）。此处引用的是1988年Puf出版社法文版，对罗尔斯的批评见第228—285页。
② 《正义论》序言中三次提及诺齐克，感谢他"在最后阶段所给予的不断帮助和鼓励"（《正义论》中文版第5页）。
③ 这段逸事被记录在《罗尔斯：生平与正义理论》第11页，前文已引。
④ 见本书第59页。

不同观念拥护者之间对话的难度①，他并未能充分把握。只要问题在于要让持不同世界观与价值观的公民之间达成共识，一种关于正义的自由主义理论就应注意不要将关于正义的政治观念与关于何谓好的生活的道德观念混淆起来。具体说来，目标在于要去考虑关于善的不同观念之间达成一项可能的政治共识所需要的道德条件。

要理解这份任务的艰巨性，我们有必要知道自由主义哲学在历史上起源于新教改革以及此后的内战。②新教徒和天主教徒关于基督教生活的观念有着深刻的不同，如何让二者生活在同一个国家？ 16—18世纪的哲学家试图回答的正是此类问题。有人强调国家主权 (让·布丹)，有人强调代议制 (霍布斯)，有人强调对个人自由的捍卫 (洛克)，也有人强调三权分立 (孟德斯鸠)。这个问题轮到罗尔斯回答时，他所强调的是必须存在一种关于正义原则的共识。因此我们可以将原初状态这一理论装置视为一种探索工具，使一些共识点能在公平基础上显现出来。在罗尔斯看来，这样一种共识应该作

① 见本书第51至52页。

② 罗尔斯《作为公平的正义：正义新论》(*Justice as fairness: A restatement*，后文一律简称为《正义新论》)，姚大志译，中国社会科学出版社，2001年。"自由主义的历史起源之一就是16—17世纪伴随宗教改革之后的宗教战争"，第7页。后文引用《正义新论》皆出自该译本。——译注

为民主对话的试金石。如果说政治经验表明，一种可能的共识观念与观念实现的实际结果之间往往存在巨大的鸿沟，这并不意味着理论毫无用处，而是因为多元主义的现实往往比自由主义思想家所能想象到的更为彻底。对此罗尔斯是有经验的，他曾意识到《正义论》的最初版本所倡导的道德观与他作为出发点的多元主义公设①难以兼容。

在我们即将读到的访谈中，罗尔斯一方面帮助我们理解政治哲学如何尝试让社会与自身和解，另一方面也帮助我们理解这种尝试为何如此艰辛。②《正义论》的成功归功于以下事实：在一个美国社会局势紧张的时期，这部作品为正义的需求提供了理论根基，这种需求通过民权运动和反战游行充分体现出来。罗尔斯这部系统性的论述发表时有587页，不含任何附录，他以自己的方式参与到20世纪60年代的公共辩论中去，虽然时间滞后了一些。他试图为一代人反对一场不义之战，为反对美国黑人遭受歧视提供合理的基础。然而他的哲学参与是在一种自由主义精神指引下完成的，因为他考虑到公共辩论中各方立场的多元性。如果说在《正义论》的

① 关于这一点可参阅罗尔斯《政治自由主义》开篇。
② 调和（reconciliation）是罗尔斯赋予政治哲学的第三种作用，参见《正义新论》第1.3节。

原初状态中,罗尔斯将各种善的观念置于无知之幕之后①,这是因为对他来说,确定可以与观念的多元性兼容的政治原则是极为重要的。这是因为并不是人人都跟我一样,认为我们应该寻找一种方式来撇开分歧,就正义原则达成一致。

我们所知的罗尔斯仅有的几次参与政治的主要事由都是越南战争,这场战争对美国造成了20世纪最严重的社会分裂。1966年末,罗尔斯在哈佛大学哲学系的一次委员会会议上表达了反战的立场,1967年初他反对免除兵役学生的遴选方式。不同于纳尔逊·古德曼(Nelson Goodman)和奎因(W. V. O. Quine),罗尔斯坚定地认为越南战争是一场不义之战并对此加以谴责,也坚定地认为在大学生中进行的征兵工作并不公平。②之后他在1969年春季学期开了一门题为"战争问题"的课。1970年至1971年间,他担任哈佛大学哲学系主任,在此期间完成了《正义论》的撰写。自始至终他都保持反战立场。哈佛的哲学教授们关于"越战"产生的分歧说明了美国社会分裂之深。对罗尔斯而言,找到一致认可的正义原则不仅是一项理论任务,同时也直接关系到美国社会自身的稳定。

---

① 《正义论》,第24节,第106页:"也没有人知道他自己的善的观念……"
② 参见《罗尔斯:生平与正义理论》,前文已引,第21—22页。根据国防部的一项决定,成绩优异的学生可免除兵役。

这一任务的艰巨性部分解释了罗尔斯为什么要对他的"作为公平的正义"理论进行重新编撰,这项工作主要是在1963年始的一门课程当中进行的,此后不断进行修补。这门课的讲义年复一年地被扩充,最终成为一本著作的雏形,他在酝酿时称之为"新论"(restatement)。罗尔斯在访谈中提到他对标题并不十分满意[①],但无论如何他最终还是将"新论"作为该书的副标题并于2001年出版:《作为公平的正义:正义新论》。罗尔斯的这篇访谈能帮助我们了解《正义新论》的成书过程,其主要哲学问题我们之前已经有所提及。《正义新论》亲切的行文风格与《正义论》复杂的论证结构多少会形成对照。罗尔斯毫不迟疑地给出了一些宏观思考,比如政治哲学的功能,原先的著作中就没有这方面的内容。此外,这本著作长时间的酝酿充分说明了哲学也许是一门"对话的学科":《正义新论》确实脱胎于罗尔斯三十多年间在课上与学生们的对话。虽然最终的著作不是哲学对话,而是为了教学需要而精心组织的论述,但毋庸置疑的是,酝酿的过程主要得益于罗尔斯与学生们的对话。我们可以这样认为:在一种政治思想的形成过程中,对话与辩论比权威教学更能

---

① 见本书第50页。

让人注意到多元主义事实。实际上,《正义新论》强调的主要理论进展即"重叠共识"概念的引入,具体是指"政治正义观念是为各种合理的然而对立的宗教、哲学和道德学说所支持的,而这些学说自身都拥有众多的拥护者,并且世代相传,生生不息"。①换言之,如果说关于正义的政治观念存在一种共识,那么每个公民都是从自己的个人信念出发去认可这一共有观念的。

我们最终有必要提及另一种形式的对话,即罗尔斯在整个教学生涯中与哲学传统典籍的对话。②卢梭、洛克、穆勒、马克思,与这些作者的对话让罗尔斯得以明确自己的思想:"在阅读这些传统文献的过程中,如果你们足够认真,你们就会明白一种思想传统是怎样随着时间的推移而演变的。"③对他而言,了解历史只是手段而非目的,他承认通过研读当代著作也许也能取得同样的成绩,不过他认为这种教学手段是一种生动呈现政治哲学问题的方式。通过阅读经典著作,罗尔斯与古典作家进行了真正的对话。于他而言,这些作者的声

①《正义新论》,第11节,第44页。
② 以下课程已经结集出版: *Lectures on the History of Moral Philosophy*, Barbara Herman (ed.), Cambridge, Harvard University Press, 2000; *Lectures on the History of Political Philosophy*, Samuel Freeman (ed.), Cambridge, Harvard University Press, 2007。
③ 见本书第63页。

音可以被"一位读者的质疑与同情唤醒"①。

原初状态与政治原则的正当性证明

在本书的访谈中,罗尔斯提及他写作《正义论》的那段岁月。《正义论》发表于1971年,罗尔斯构想了一种关于正义社会的现实主义乌托邦,在政治、哲学与经济思想领域掀起了一场革命。二十年后,罗尔斯与学生一起,追溯了自己的学术成长过程,他谈到了在普林斯顿的学生时代,对经济与道德哲学的兴趣,也谈到了20世纪60年代冲突不断的美国政治社会环境。他认为当时美国社会紧张的局势,有时甚至是看似不可平息的社会冲突,使得关于政治与道德问题的哲学辩论变得极其必要。关于这一点,他提到越南战争与其所引发的关于良心反对和公民不服从的辩论,以及**民权运动**和黑人为争取民权平等尤其是争取选民资格所进行的斗争。正是以此为背景,罗尔斯才提出了关于政治哲学角色的观念,并将一种更加公平与正义的社会作为远景目标。

然而,当一个国家的居民对共享的政治结构的核心元素持对立立场,有时甚至产生实际的冲突时,他们如何能就正义

①《重现伦理学史:为约翰·罗尔斯而著》(*Reclaiming the History of Ethics: Essays for John Rawls*),剑桥大学出版社,1997年,第4页。

达成一致呢？哲学家以及抽象思想在激烈的辩论中所充当的角色是什么？并非所有人都能接受同样的原则，那么某种关于正义的观念，无论其如何，又怎么能期望获得全体公民的认可？"正当性的证明建立在各方已有的共识之上，为了对各方进行理性调解"，罗尔斯在《正义论》末篇做出如上回答。①我们应从共识而不是从分歧出发。然而，20世纪50年代至60年代的美国社会如此分裂，社会成员们能有什么共识呢？为了理解罗尔斯的回答以及他的原初状态概念，我们有必要先看一看托马斯·斯坎伦 (Thomas Scanlon) 对美国政治生活最艰难的那段岁月所做的罗尔斯式诊断：

> ［20世纪］50年代的时候，很多美国人都天真地认为，美国的体制举世无双，因为具有正当性；认为美国已经打破了阶级壁垒，每个人都以公平的方式在社会中获取利益。因此他们认为可以心安理得地享受这些利益，并确信虽然他们从中获利的这些制度不是完美的，却比其他任何制度都更接近于以下状态，即无人能提出合理的反对意见。民权运动与反越战运动所引起的剧烈动荡

① 《正义论》，第86小节。

无可挽救地击碎了他们的幻觉。人们做出不同形式的反应，一些人抗议越南战争，努力争取民权，另一些人则竭力否认对国内施行不义和在国际上犯下罪行的控诉。[1]

至此，作者对于美国公民彼此之间的分裂和对立做出了诊断；其后，他在结论中将读者的注意力引至公民之间的联系纽带：

> 这些反应的共同之处在于，让人感到深刻的震惊与方向感的丧失；我认为这两种反应证明了**人们赋予以下观念以重要价值，即在他人看来，他们的生活与制度是正当的。**[2]

将罗尔斯与斯坎伦——他在哈佛的弟子与同事——联系在一起的，首先是一种道德心理，我们看到斯坎伦将这一心理运用到对50、60年代的分析中去。对这两位而言，人类最根本的动机之一，同时也是与谋求个人利益同等重要的动机，

---

[1] 托马斯·斯坎伦《我们彼此负有什么义务》(Thomas M. Scanlon, *What We Owe To Each Other*)，哈佛大学出版社，1998年，第163页。
[2] 同上。黑体部分为导言作者所强调指出的。

在于个人行动被他人视为正当，人们赋予这一正当性以十分重要的地位。这一天性体现在，比如，当有人指责"你对我不义！"，我们要么回答"我没有对你不义，你不知道这个或那个事实"，要么接受指责并修正自己的实际态度。斯坎伦和罗尔斯注意到，很少有人在这种情况下回答："我当然对你不义，不过只要我能从中获利，我就不会改变自己的做法。"

借助于穆勒的理论，罗尔斯与斯坎伦都认为，不正义的情形，尤其是因制度导致或加剧的不正义情形，会在公民共同体内部引发一种慌乱的情绪，让公民彼此形如陌路。两位都认为，我们的制度可被证明是正当的，这具有很大的价值；如果不正当，加以改造使其正当，这应当是我们的责任。以上便是人们的共识，是在分歧之外拥有的共识。

> 正义是社会制度的首要德行，正如真理是思想体系的首要德行一样。一种理论，无论它多么精致和简洁，只要它不真实，就必须加以拒绝或修正；同样，**某些法律和制度，不管它们如何有效率和安排有序，只要它们不正义，就必须加以改造或废除。**①

---

① 《正义论》，第1节，第3页。黑体部分为导言作者强调指出。

当罗尔斯在《正义论》开篇写下这段话时，他想要表达一种人皆有之的感情：一种制度只要是不正义的，就必须进行改革。分享这一乐观看法是可能的，毕竟，当我们还是幼童的时候，就已经会自发喊出"这不正义！"来表达愤怒；但是斯坎伦的历史事实表明，困难在于对不正义的承认。关于这一点，罗尔斯重拾卢梭的教诲：政治与社会制度塑造了我们的态度，不正义的制度会让我们将某些不正义视为"天经地义"；因此，我们应该寻找一种远离偏见的方式。

为了辨识出不正义，罗尔斯设想了一种理论机制，与17、18世纪契约论者笔下的自然状态遥相呼应，那就是原初状态。然而，这一状态并非假想的人类第一阶段，而是一种理论构建，通过这一理论构建，我们可以对现行社会、政治和经济制度，对社会类型或各种制度共同参与构成的"基本结构"[①]进行评判。罗尔斯自称承袭"契约论"传统，受到洛克、康德和卢梭思想的启发。在上述思想家当中，他尤其青睐卢梭的思想。对卢梭而言，自然状态"也许从未存在过，也可能永远不会存在，然而为了合理判断我们的当下状态，我们有必要掌握关于自然状态的正确观念"[②]。因此，原初状态并非为了描

---

① 《正义论》，第2节，第6页。
② 卢梭《论人类不平等的起源和基础》，伽利玛出版社《卢梭作品全集》，1964年，第3卷，《社会契约论》第123页。

述一种事实上的状态,哪怕是假设的事实状态,而是为了让所有公民能在公平的条件下提出制度的正义问题。

原初状态可以检验我们关于制度正当性的论证:制度给每个公民安排的命运是公正的吗?如果你去思考社会,问自己是否愿意接受偶然派发给你的社会地位,你的社会地位也许终身不会改变,你也许位于社会最底层。当你这样思考的时候,你的思想就接近于原初状态。如果你的回答是你绝对无法接受某些社会地位,这就意味着你的社会对待某些成员的方式让人无法接受;如果你进一步思考何种原则能造就"良序"①的社会政治制度,能保证每个公民享有公平的生活条件,你就接近于《正义论》这部巨著探寻的对象了。

因此,《正义论》的主题既不是研究某种政府或国家形式,也不是研究某种制度是否应该是公共的或私人的。在罗尔斯看来,要回答上述问题,政治学、社会学和历史学都比哲学更加合适。它的真正主题在于研究我们希望看到我们的整个制度遵守什么样的**原则,既能保证基本权利**,又能保证资源的公平分配。

原初状态的思想经验以及原初状态引导我们选择的原则可以按如下方式归纳:罗尔斯想象各方在进入政治共同体

---

① 关于"良序"概念,参见《正义新论》第3.1与第3.2节。

之前，在原初状态的平等条件下进行慎思。各方被置于罗尔斯所谓无知之幕之后：他们对自己的身份、阶级、社会地位、民族或种族、性别、智力水平、天分都一无所知。因此他们的正义观念不受这些具体信息的扭曲。在原初状态下，他们选择正义原则来构建社会主要制度：社会的"基本结构"。他们不清楚自己的社会地位，他们所知道的是自己的选择不可逆转，而且会影响到子孙后代。在这样的条件下，他们会尤其考虑最少受惠者的命运，因为这一命运可能降临到他们身上。因此，选择的原则应该如此：无论一个人的社会阶层、性别、民族等如何，这一原则都能让他得体地过完一生。因为不知道自己获取某种社会地位的可能性，不知道自己会是谁，他们会尽量保证所有人，包括最少受惠者拥有可以接受的生活条件。

各方在这种推理条件下选择的两条原则如下：

（1）每一个人对一种平等的基本自由之完全适当体制都拥有相同的不可剥夺的要求，而这种体制与适于所有人的同样自由体制是相容的。

（2）社会和经济的不平等应该满足两个条件：第一，它们所从属的公职和职位应该在公平的机会平等条件下对所有人开放；第二，它们应该有利于社会最底层成员的最大利益（差别原则)。①

我们多次提到"各方"这个词,这个词究竟意味着什么?"各方"就是**我们中的每个人**,是你和我。当我们的思维在不受偏见与各自社会境况的干扰下对原则进行沉思时,我们就是"各方"。另外,无知之幕,即各方对自己的身份、性别、各种个人特征一无所知的事实,消解了所有"道德任意"因素,即那些让我们幸运或不幸的出生或生活的偶然。从这个意义上而言,原初状态是一种思想工具,凭借这一工具,我们可以不偏不倚地确定我们社会的原则。原初状态并不会导致法律意义上的"契约",而会为对正义原则进行慎思创造公平的条件。②至于我们想通过慎思达成的共识,其本质不是强制性的而是假设的,原初状态让我们从每个人都视为合理的因素出发去进行思考:

> 我们可以提醒自己,原初状态的假设性质会提出下述问题:我们为什么应当对它抱有道德的或非道德的兴

① 《正义新论》,第13节,第56页。《正义论》中的表述略有不同,尤其是第一条原则。哈特的批评对于这一改变产生影响,详见本书第32页。
② 关于罗尔斯"原初状态"与正义原则的更多细节,可参见《社会正义:约翰·罗尔斯的平等主义自由主义》第二章(Véronique Munoz-Dardé, *La justice sociale. Le libéralisme égalitaire de John Rawls*, Paris, Armand Colin, 2005[2000]) 或《约翰·罗尔斯作品中作为公平的正义》(«La justice comme équité dans l'œuvre de John Rawls», dans Patrick Wotling (ed.), *La justice*, Paris, Vrin, 2007, pp.141-171.)。

趣？让我们回想一下答案：包含在对这种状态的描述中的那些条件是我们实际上承认的条件。(……)所以，我们所做的只是把我们经过一定反思，准备承认为合理的交往条件总体结合到一个观念中来。[1]

我们一开始在无知之幕后独自进行慎思；然后，这一慎思会有助于关于制度应当如何保障每个公民的公共讨论。

前期与晚期：博弈论与批评

罗尔斯在用《正义论》发起哲学辩论的时候已经五十岁了，他为支配立宪民主政体政治行为的道德直觉赋予了严格的形式。正如他在访谈中强调的那样，"原初状态"的观念或者说这个名称在他学生时代就已经有了。[2]这个概念从一开始便是为了给对正义原则的慎思创造条件。

然而年轻的罗尔斯是从一个极为复杂的体系开始的，这一体系兼具经济学与伦理学的严苛知识。他从在普林斯顿的学生时代开始便一直持有以下信念：政治哲学不仅要包含抽象论述，也要包含社会科学传播给我们的知识。如同他在《正义论》

---

① 《正义论》，第87节，第464页。
② 见本书第48页。

序言中所写的那样，尽管他自己是功利主义哲学流派的批评者，他对于那些伟大的古典功利主义者(像边沁和穆勒)持欣赏态度，这些功利主义理论家将道德理论、社会理论和经济学观念成功纳入同一体系中。他提醒读者注意，古典功利主义者是"一流的社会理论家和经济学家"。①罗尔斯觉得无法超越他们，因为他谦虚地认为自己从来没有很好地掌握当下经济学的某些专业知识，比如理性选择理论。他想要发现一种方式，这种方式包含对选择正义原则合适的一切条件。在他看来，这些条件既应包括道德领域的事实，也应包括经济和社会领域的资料。所以他在准备道德哲学博士论文的时候，会阅读萨缪尔森②的著作，研究福利经济学，对弗兰克·奈特③的作品感兴趣，奈特本人对道德哲学与社会哲学问题都很关心。

原初状态的第一稿折射了罗尔斯跨学科的企图，由这一概念引出的"理性限制"受到博弈论的启发，博弈论起初由冯·诺依曼(John Von Neumann)和摩根斯坦(Morgenstern)提出，罗尔斯曾在普林斯顿求学时学过。需要知道的是，冯·诺依曼与摩

---

① 《正义论》，初版序言，第1页。
② 萨缪尔森(Paul A. Samuelson, 1915—2009)：美国经济学家，1970年诺贝尔经济学奖得主。
③ 弗兰克·奈特(Frank H. knight, 1885—1972)：属于被称为"芝加哥学派"的新自由主义经济学家。

根斯坦合著的那本开山之作出版于1944年①，而在1950年，罗尔斯一边听经济学课程一边撰写博士论文时，普林斯顿的数学家阿尔伯特·塔克(Albert Willian Tucker)才刚提出著名的"囚徒困境"②。博弈论旨在提供情景模型——博弈只是形象的说法——在那些情景模型中，一方的理性做法取决于其他各方的态度。囚徒困境区别于其他博弈情形之处在于：这是一种极端情形，每个人都清楚应该怎么做而不用去管别人的做法，因为在任何可能的情形下存在一种最优战略，或称为"主导战略"。这一模型之所以被称为"囚徒困境"，是因为它描述了这样一种情景：两个囚徒可以选择认罪或拒不认罪，在做出是否认罪的选择时彼此无法串供。如果两个人都不认罪，只需要受到极轻的惩罚。然而，在彼此之间没有沟通的情况下，他们应该都会出于理性选择认罪。这一关于对立与合作情景的基本模型可以广泛

---

① 冯·诺依曼和摩根斯坦合著《博弈论与经济行为》(*Theory of Games and Economic Behavior*)，普林斯顿大学出版社，2004 [1944]年。

② 关于囚徒困境，参见理查德·布雷思韦特《作为伦理哲学家工具的博弈论》(Richard B. Braithwaite, *Theory of Games as a Tool for the Moral Philosopher*)，剑桥大学出版社，1957年；另可参见劳伦·高多尼耶《合作与互利》(Laurent Cordonnier, *Coopération et réciprocité*)，巴黎Puf出版社，1997年。该模型由塔克在1950年一篇未发表的斯坦福大学演讲中提出。不过让-皮埃尔·杜比指出法国作家拉克洛早就已经在他的小说《危险关系》(*Les Liaisons dangereuses*) 中描绘出这种类型的情境。详见让-皮埃尔·杜比《时间，矛盾》(J.-P. Dupuy, «Le temps, le paradoxe»)，收录于 Paul Bourgine, David Chavalarias et Claude Cohen-Boulakia主编《决定论与复杂性——从物理学到伦理学：关于亨利·阿特兰》(*Déterminismes et complexités. Du physique à l'éthique: autour d'Henri Atlan*)，巴黎，发现 (La Découverte) 出版社，2008年，第321—334页，这里出自第322页。

运用于包括军事、商业或社会方面的各种战略情景。它在政治哲学领域有着源远流长的传统：比如霍布斯就认为个人在自然状态条件下会做出违背个人利益的选择，只有一个高效的君主才能保证个人之间的合作，消除彼此之间的冲突。[1]

如果说博弈论提供的关于做出理性决定的形式工具对罗尔斯具有吸引力的话，他并不打算对社会合作问题给出霍布斯式的答案。他想从理性选择理论获取如下观念：人们在某些条件限制下是可以达成一些共识的。然而他不愿像某些经济学理论那样，提出一种能满足所有人个人利益的契约。我们已经看到，他的理念是寻找一些普遍原则，能让大家共同生活于一个——如同任何一个复杂社会那样——充斥着深刻分歧和不平等的政治共同体中。关于原则的共识不应像理性选择理论或霍布斯式的契约论那样建立在各方利益之上，而应该着眼于创造**公平**合作的条件。

这两大意图——保留博弈论的形式元素和响应公平的要求，罗尔斯告诉我们他是从青年时代的阅读经验中汲取的，尤其是弗兰克·奈特的经济学著作，触及很多社会哲学问题。奈特

---

① 参阅吕克·弗瓦诺《在罗尔斯无知之幕之后的霍布斯的自然状态还剩下什么？》（Luc Foisneau, «Que reste-t-il de l'état de nature de Hobbes derrière le voile d'ignorance de Rawls ?»），《哲学研究》（Les études philosophiques），第79期，2006年10月，第439—460页。

是新自由主义经济学派成员。然而，不同于该流派的其他成员，比如米尔顿·弗里德曼 (Milton Friedman)，奈特不相信市场的无上权威。奈特实际上属于像穆勒那样的更古典的自由主义理论家，更重视自由，更关注社会的良序性而不只关心效率。罗尔斯在普林斯顿求学时即阅读过奈特的著作。让我们一起回顾罗尔斯在《正义论》中对奈特思想的引用，罗尔斯提醒读者，市场并不根据人们的道德价值来分配报酬。他补充道：

> 从一种道德的观念来看，天性的最初资质和其在早期生活中发展的偶然性无必然联系。按照直觉观点，最接近按道德价值进行奖赏的准则似乎是按努力分配（或更恰当地说，按真诚的努力分配）的准则。[1]

不过，关于这第二准则，罗尔斯注释"参阅奈特"。[2]然而罗尔斯比奈特更远离市场规则，哪怕这些规则被一种奖励德行的准则修正过：

> 不过，我们仍然很清楚地看到：一个人愿意做出的

---

① 《正义论》，第48节，第244页。
② 同上。

努力是受到他的天赋才能和技艺以及他可选择的对象影响的。在其他条件相同的情况下，禀赋较佳的人更可能认真地做出努力，而且似乎用不着怀疑他们会有较好的运气。奖励德行的观念是不切实际的。①

罗尔斯在《正义论》成熟版本中对早年试图构建的极为复杂的模型做了一些简化，其中一条认为权利、自由与基本资源应当优先予以保障。只有在上述这些正义的保障**已经**就位的情况下，才能考虑个人道德价值并予以奖励。

因此，第一个原则中的自由应该无条件保障所有人。而根据第二个正义原则，不平等应当这样安排，使它们符合最少受惠者的利益，无论这是由于不幸还是出于自身选择导致的。有些人从中看到难点，尤其是诺齐克，他曾指责罗尔斯放弃了个体责任原则。然而，如果在基本权利和真正公平的机会平等向所有人开放之前就先谈论个体责任，这可谓本末倒置，罗尔斯如是回答。在对奈特的观点做了评论之后，罗尔斯写道：

对于一个社会来说，把奖励道德价值的目标作为第

---

① 《正义论》，第48节，第244页。

一原则来组织自身,就像为了惩罚窃贼而建立财产制度一样。①

在《正义论》这部成熟著作里,罗尔斯仍然保持将社会科学知识与政治道德哲学的反思综合在一起的意图,同时他也想要将这些元素整合成关于合理正义原则的"讨论章程"。访谈中提到的"讨论章程"②后来就演变成了原初状态,这一设置更为简明清晰,更好地突出了对一种合理的哲学慎思施加的限制,另一方面也凸显了社会科学知识。事实上,罗尔斯想要实现功利主义者所有的企图,同时又想避免他所发现的功利主义理论的缺陷,他尤其认为,功利主义者在最大化社会平均福利的同时,没有充分尊重每个个体的权利,没有找到**每个**公民都愿意接受的原则。《正义论》打的赌实现了吗? 对罗尔斯的读者和评论者而言,无论多么欣赏他的著作,都会感觉没有什么比这更不确定的了。

我们刚刚提到诺齐克,不过罗尔斯认为这位同事的批评根本没有触及主旨。他在成熟期的著述中进行的某些修改是针对诺齐克某些切中主题的评论做出的,不过另外一位哈佛

① 《正义论》,第48节,第245页。
② 见本书第48至50页。

的同事、朋友——托马斯·斯坎伦,以及像托马斯·内格尔和塞缪尔·施弗勒这些非常接近罗尔斯理论立场的哲学家对他的影响更大。另外他在哈佛的老师(后来成了朋友)——哈特也对他进行了极为重要的评论。罗尔斯在访谈中几次提到这些评论。

诺齐克与天赋资质。诺齐克的一大重要批评是关于最小政府与分配职能扩大化政府的区别。诺齐克反对国家权力干涉绝大多数人类活动。《正义论》的主旨在于确立正义原则,而非确立最合法的国家形式,因此诺齐克的这一批评似乎偏离主题。不过他还是有一个批评对罗尔斯产生了影响:罗尔斯第二个正义原则的第二部分被称作"差别原则",根据这一原则,不平等只有在能改善社会最少受惠者的状况时才可以被接受。《正义论》中写道:这一原则"实际上代表这样一种同意,即把天赋的分布看作是在某种意义上的一种**共同资产**"。[①]诺齐克装作担忧天赋资质的再分配:我们要将普通人的眼球再分配给那些盲人吗?[②]他指出,也许资质的分配从某种意义上而言是任意的,可是哪怕我们起初并不应得这些资质,它们还是完全属于我们的,对此加以质疑会导致我们

---

① 《正义论》,第17节,第78页。黑体部分为导言作者强调指出。
② 参见诺齐克《无政府、国家与乌托邦》(前文已引)法文版第281—282页。

严重违背个人生理与心理的完整性原则。罗尔斯在《正义新论》中用了整整一节来阐明,构成共同资产的并不是每个人天赋的集合,而是不同才能的互补。[①]他指出,在无知之幕后的各方肯定会一致同意保障不可让渡的权利,也会同意使用各自才能的互补性以使合作产生的成果得以分配。正是因为存在一种社会合作,我们当中的每一个人才能专注于自己的生活,发展自己的个人才能。在一个良序社会,每个人都应公平地获取合作成果的一部分。这就是差别原则所明确表示的。

哈特与自由原则。第一个原则起初并不像我们在上文引用的那样,因为它强调基本自由(**单数**)对机会平等与差别原则的优先性。在一篇罗尔斯极为重视的文章中[②],哈特对第一个原则提出质疑,尤其质问第一原则中提到的自由是何种自由,为什么自由这一善要享有绝对的优先权。罗尔斯接受了这

---

① 《正义新论》第21节。

② 哈特《罗尔斯论自由及其优先性》(Herbert L. Hart, «Rawls on liberty and its priority»),载于《芝加哥大学法学评论》(*The University of Chicago Law Review*),第40卷,第3期,1973年,第534—555页。在《正义新论》关于哈特的注释中,罗尔斯写道:"在对作为公平的正义所做的这种重新阐述中,最有意义的变化就是这些在哈特观点影响下所做的修正。"早在1987年出版的《正义论》法文版序言中,罗尔斯就写道:"在对1975年版本进行的修正中,我试图消除英文版的某些弱点(……)其中最令人不安的弱点涉及对自由的分析,这一点是由哈特自1973年以来提出的。我从第2章第11节开始修正,以期消除哈特指出的大多数问题。"另可参阅罗尔斯对哈特的答复:《基本自由及其优先性》,收录于《政治自由主义》第八章。

一批评,补充说他对《正义论》所做的重新阐述中,最有意义的变化就是这些在哈特观点影响下所做的修正。修正后的第一个原则包含**一系列**所谓"基本"自由,尤其包括思想自由、良心自由、政治自由、集会自由、个人的身体与精神完整性的自由以及保障国家法治的一些自由。这些"基本"自由对自由平等的公民发展与行使各项能力都是极为重要的,出于这一原因,它们对其他权利和保障而言具有优先权。其他权利,比如跟"自由放任理论"相关的权利并不是行使道德能力的必需条件,因此没有被列入清单。只有"基本"自由才具有优先权,而这些"基本"自由彼此之间并不具有优先权。结果是,罗尔斯认识到了他牛津大学的恩师所提出的问题并做出如下总结:

> 这种修正表明,自由并未被赋有任何这样的优先权,即似乎某种被称为"自由"的东西不仅具有一种卓越的价值,并且是政治正义和社会正义的主要目的。[①]

《正义论》的**内部不协调问题**与**重叠共识**。在跟罗尔斯最接近的那些理论家当中,内格尔与施弗勒对正当性受到**所**

---

① 《正义论》,第13.3节,第58页。

有公民认可的观念提出质疑①，而对罗尔斯而言，这一认可极为重要。两位作者提出的问题简单说来如下：如果说政治和社会制度只能通过公民来证明其正当性，而这些公民都必须认可罗尔斯所倚重的正义原则，那么这些制度就没有实行所期望的整合工作，因此就既不稳定也不公平。在和学生的访谈中，罗尔斯不动声色地接受了这一诊断：

> 该书从头至尾都使用了"良序社会"的概念，它假定该社会的每个成员都接受相同的总体性观点。②后来我觉得，这绝不可能是民主社会的情况，民主社会不符合该书的原则。这就是内在的不一致。因此，我必须修改对良序社会的解释，这样就产生了重叠共识的概念。③

---

① 托马斯·内格尔《罗尔斯论正义》(Thomas Nagel,«Rawls on justice»)，载于《哲学评论》(*The philosophical Review*)，第82卷，第2期，1973年，第220—234页；后收录于Norman Daniels 出版社《阅读罗尔斯：关于罗尔斯〈正义论〉的重要研究》(*Reading Rawls: Critical Studies on Rawls'«A Theory of Justice»*)，斯坦福大学出版社，1989 [1975] 年，第230—252页；以及塞缪尔·施弗勒《道德独立与原初状态》(Samuel Scheffler,«Moral independence and the original position»)，载于《哲学研究》(*Philosophical Studies*)，第35卷，第4期，1979年，第397—403页。

② 罗尔斯在《政治自由主义》中引入了以下区分：如果一种理论的原则不仅涉及政治制度，还涉及我们生活的其他方面，那这种理论就是"总体性的""广泛的"，而不是"政治的"。详见访谈第66页注释18。

③ 见本书第51—52页。

道德观念的合理多元性是一切非专制社会的特点，而非专制社会是《正义论》论述的前提。不协调之处在于给出的原则是否认多元主义的，因为它要求去认可罗尔斯式的自由主义，甚至更糟糕地建议通过运用国家权力来达到目标。罗尔斯最终同意，哪怕某一种理论，或者说他的理论包容性很强，对这种理论达成一致认可，在现实社会中也是无法实现的，而且也与他的多元主义前提自相矛盾。正是出于这一原因，他提出不同道德与宗教理论之间的一种"重叠共识"，在此，我们又看到从公民的共同信念而非从分歧出发的观念。罗尔斯强调指出，这种共识并非包含一切，而只是关系到政治关系领域。因此我们面对的是一种被限制的自由主义，它只能解决政治领域的问题，而拒绝提供一种道德世界观。这种拒绝解释了罗尔斯第二本书的标题：《政治自由主义》。不过，自从《正义论》开始，罗尔斯关于原初状态的构想就并非建立在对同一种道德理论的共识之上，相反，原初状态是从关于善的多元观念开始的。处于原初状态中的各方实际上位于厚重的无知之幕之后：他们不仅对自己的性别、阶层等一无所知，而且也不知道自己的道德观念。因此他们应该（或者说我们应该，如果我们以这种方式去思考的话）通过想象不仅接受不同社会阶层的立场，也应接受不同的信仰。各方应该找到能让所有人过上好的生活的正义原则，而无论这个人是苦行者还是享乐主义者，无论是虔诚的信徒、无神论者还是不可知论者。换言之，各方主张的原则要能保护每位公民尽情发展的能力，且**无论**每位公民持有哪一种［合理的］道德观念。

厚重的无知之幕的存在以及不同道德理论之间的重叠共识之可能，二者在《正义新论》和《政治自由主义》中都得到了公然的捍卫。不过，罗尔斯在这两本著作中都强调正义原则是"政治的"而非"总体性的"。① 从不同道德信仰出发能在一些正义原则上达成共识。因此罗尔斯此刻限定为"政治的"正义观念并不仅仅是不同力量或信仰之间的一种现有局面，而是可以由持不同宗教或道德观的人一致认可的政治价值。从这个意义上而言，持有不同乃至对立信仰的人关于善与公平观念的多元性，自始至终都是得到尊重的。罗尔斯认为重叠共识思想重建了一种既现实又协调的社会正义观念。②

斯坎伦与原初状态。 最接近罗尔斯的理论家也许是托马斯·斯坎伦。斯坎伦基本采用了罗尔斯的契约主义，不仅用

① 《正义新论》，第1.7节。
② 关于罗尔斯政治自由主义这一方面的评论，可参阅维罗尼克·穆诺-达尔德《罗尔斯的自由主义：为了一个公平与团结的社会》(V. Munoz-Dardé, «Le libéralisme de Rawls : pour une société équitable et solidaire»)，收录于 Gilles Kévorkian 所编《自由主义思想——历史与争鸣》(La pensée libérale. Histoire et controverse)，巴黎 Ellipses 出版社，2010年，第179—193页。

于研究政治理论,还用于研究道德理论,或者用他主要作品的标题来讲,研究"我们彼此负有什么义务"。[①]他沿着罗尔斯的足迹,继承并继续发展罗尔斯的学术事业。不过,在他所做的改动中,最基本的是对原初状态的放弃:

> 斯坎伦教授并没有使用类似无知之幕的概念,[在他的论证中]有一部分类似于原初状态,但实际上他的思想有着明显的不同。[②]

正如我们所看到的,斯坎伦像罗尔斯那样强调正当性:要使政治规范(对罗尔斯而言)和道德规范(对斯坎伦而言)在这些规范涉及的每个人眼中具有正当性。但是斯坎伦认为,在无知之幕之后进行的思考很容易与一种对寻求个体利益最大化的经济体系进行的论证相混淆。他向罗尔斯发问:要讨论的究竟是关于每个人的**理性**利益还是可以**合理**观察到的交往道德规范? [③]

---

① 斯坎伦《我们彼此负有什么义务》,前文已引。
② 见本书第49—50页。
③ 斯坎伦《契约主义与功利主义》(Thomas M. Scanlon, «Contractualism and utilitarianism») 这篇文章。该文原先发表在关于功利主义的一本文集里 (Amartya Sen et Bernard Williams [eds.], *Utilitarianism and Beyond*, Cambridge-Paris, Cambridge University Press-Ed. De la MSH, 1982, pp. 103-128)。

要理解这二者的区别，我们可以这样去思考：如果您想要在一种讨价还价的情形下逼迫我做出较大牺牲而让您自己获利，您的态度也许是理性 (rationnelle) 的，却肯定不是合理 (raisonnable) 的。基于理性与合理之间的区分，斯坎伦完全将工具性理性概念转变为交往规范的合理性特征概念。他绕过原初状态，直接让所有的政治或社会行动接受一种行动原则的审核，行动者如果拒斥该原则就将是**不合理**的。因此问题不在于要向行动者证明，他们的道德行事可获得理性利益——比如，富人救济穷人可获得社会安宁；而是要去阐明哪些是任何行动者都无法拒斥的道德规范——只要稍微是合理的，也就是说如果一个人希望道德行事的话。

罗尔斯即使没有接受斯坎伦的论述，至少也接受了对合理与理性的区分。在《正义新论》中，他写道：这一区分"对于理解作为公平的正义的结构具有非常重要的意义，对于理解斯坎伦普遍契约主义的道德理论也是一样"。[①]罗尔斯接受了斯坎伦的批评，他也在注解中承认，他起初将正义理论作为理性选择理论的**一部分**是错误的。

---

① 《正义新论》，第2节，第14页注释。

这种说法容易引起误解，它会意味着作为公平的正义彻头彻尾是霍布斯式的（正如霍布斯通常被解释的那样），而不是康德式的。这种说法实际想要表达的是使用理性选择（决策）理论来解释当事人以及他们的推理，但是这种理论本身是政治正义观念的组成部分，而这种政治正义观念试图说明理性的正义原则。[①]

关于《正义论》的评论可谓汗牛充栋，我们在此仅列举了其中一小部分，对应罗尔斯在访谈中明显提及的评论。1971年以来，《正义论》已经成为世界级的畅销书，作为一本相当专业的哲学著作，这确实让人意想不到。成千上万关于《正义论》的评论书籍和文章涌现出来。如此，罗尔斯跻身政治理论经典名家之列，这份名单并不长：亚里士多德、柏拉图、霍布斯、洛克、卢梭、康德、穆勒、马克思等。他的一生都用于追寻一种分析精准、正确与正义的理论，让我们了解何为社会正义。他在访谈中比在著作中更随意地透露出他如何看待政治哲学在批判不正义中所起的作用。如果对马克思进行呼应，他对学生们这样说道，"如果人们觉得你的观点具有说服

---

① 《正义新论》，第102页，注释1。

力,你才有可能以这种间接的方式改良社会"①;又补充说道,也许更现实一点是防止社会状况比现在更加恶化。对今天的读者而言,他最强有力的政治观点在于一个社会的正义是根据它为最不幸者安排的命运所衡量的。对一些人而言,这一正义观太平等主义了,而相反,另一些人又指责他批判性不强。无论是否赞同他的原则,与罗尔斯作品进行的哲学和政治对话从未停歇。

吕克·弗瓦诺 (Luc Foisneau) 与

维罗尼克·穆诺-达尔德 (Véronique Munoz-Dardé)

2013 年夏

---

① 见本书第53页。

法语版译者注

1991年3月20日，约翰·罗尔斯在哈佛大学他的个人办公室里接受了三位学生的采访，本文是那次采访的法语版。文章原标题为《约翰·罗尔斯：为了记录》(*John Rawls: For the record*)，1991年春发表于首期《哈佛哲学评论》(*The Harvard Review of Philosophy*)，2002年，劳特利奇出版社(Routledge)在纽约出版了由费尼斯·厄本(S. Phineas Upham)根据《哈佛哲学评论》这本学生杂志上发表过的访谈编辑而成的《当代美国哲学家访谈录》(*Philosophers in Conversation: Interviews from the Harvard Review of Philosophey*)，第1—13页再版的罗尔斯访谈由乔舒亚·哈兰协助完成。

鉴于再版时罗尔斯本人未曾过目，因此完全与初版保持一致。括号里的内容是再版时的编者注解，我们应加以感谢。而目前这一版本我们添加了一些注释和副标题。

　　本书由法国-伯克利基金（le fonds France-Berkeley）资助出版。

　　感谢托马斯·斯坎伦、《哈佛哲学评论》的编辑们以及玛格丽特·罗尔斯夫人。

正义与批评

采访者：塞缪尔·艾巴尔、乔舒亚·哈兰、翁·李

学生时代：战争与哲学生涯的开端

哈佛哲学评论：说说您自己吧！您是怎么开始对哲学感兴趣的？

罗尔斯：我觉得一个人很难知道自己是怎么开始对某样东西产生兴趣的，也很难知道为什么会产生兴趣。我只能说说在什么时间发生了什么事。我去了普林斯顿大学，最终选了哲学专业。[①]在我还是新生的那年9月，希特勒侵略了波兰，战

[①] 罗尔斯原话为"major in philosophy"：如同当下多数美国大学，普林斯顿大学的学生要先接受第一阶段的通识教育，科目涵盖自然科学、社会科学与人文科学。学生们通过不同学科的学习，发现自身擅长的领域之后再选定专业（major）。罗尔斯一开始对化学、数学和音乐感兴趣，但学业成绩不佳，最终没有在这几门学科中选择自己的专业。

争的阴影笼罩着欧洲。我花了很多时间阅读关于"一战"以及战争问题本身的文献。我们那一代人都很清楚,早晚我们也会卷入战争。战争体验使得我们那一代人跟晚近的几代人极不相同。我参军三年,从1943年初到1946年初,先后在太平洋战场的新几内亚、菲律宾和日本服役。很难说清楚这段经历如何改变了我,但影响肯定是有的。战争结束后,作为1946年春季学期的博士研究生,我回到了普林斯顿。

哈佛哲学评论: 您刚进入普林斯顿大学的时候就想学习哲学吗?

罗尔斯: 我当时并不知道想干什么。我之前在康涅狄格州的肯特学校就读,那是一所私立学校。我当时还没有发展出明确的学术兴趣,因此考虑过几种不同的专业,比如化学和数学。不过我很快发现自己心有余而力不足,最终选择了哲学专业。

哈佛哲学评论: 说说您在军队的经历吧。您后来关于正义的观点是受到您当时对美国社会问题思考的影响更多些,还是受到您对军队社会结构感触的影响更多些?

罗尔斯：就像我说过的那样，我觉得一个人很难知道为什么去做某件事，也很难了解自己所受到的这样那样的影响。三年军队经历肯定对我产生了重大影响，但很难说对我有什么特殊的塑造作用。反观我的哲学观点，我觉得跟我那些年在军队的经历没有太大联系。我经常想，两者肯定有某种关联，但我一直不能确定。也许这是因为我的自我反思不够深刻。当然，就像许多人那样，我以一种厌恶的情绪离开了军队，同时也坚信军人第一使命是服从文官政府。对此，我没有什么新想法。

哈佛哲学评论：您是在读博期间对哲学领域产生兴趣的吗？这也正是您日后得以成名的领域。

罗尔斯：事实上，我从一开始就一直对道德哲学很感兴趣。有很长一段时间，我对宗教也深感兴趣。肯特学校是一所教会学校，由西尔神父创建，属于圣公会，学校里通常会有圣公会的成员。我们每天都去教堂，星期天要去两次。我不能说这个学校学生的宗教感特别强，但你不能完全回避宗教。你无论如何都需要对宗教做出各种各样的反应。

哈佛哲学评论：您的家乡在哪里？

罗尔斯：我在巴尔的摩度过了童年，但每年夏季都是在缅因州度过的。当然，在十几岁的时候，我一年中大部分时间都是在寄宿学校度过的。我父亲来自北卡罗来纳，母亲则出身于马里兰一个古老的家族。我的家人大多数都在那里，我岳母的家庭也是。我很多幼年时的好友仍然居住在那里。

《正义论》创作契机：最初的立场

哈佛哲学评论：您是什么时候开始思考与写作，而后创作出《正义论》的？

罗尔斯：我大约是在1950年秋季，在完成博士论文之后开始收集材料的。那时，我已经阅读了一些经济学著作，在那年秋天，我参加了一场由鲍莫尔[①]主办的研讨会——如今他已是著名经济学家了。我争取把实际工作做得全面些。我们阅读了希克斯[②]的《价值与资本》（*Value and Capital*）。我

---

① 鲍莫尔（W. J. Baumol, 1922—2017）：发表过四十多部经济学著作，如今仍在纽约大学执教。
② 希克斯（J. R. Hicks, 1904—1989）：英国经济学家，1972年诺贝尔经济学奖得主（与美国哈佛大学教授肯尼斯·阿罗共同分享这一荣誉）。罗尔斯在这里谈到的书是《价值与资本：对经济理论某些基本原理的探讨》（*Value and Capital: An Inquiry into Some Fundamental Principles of Economic Theory*, Oxford, Clarendon Press, 1939）。

努力掌握这本书,同时也努力领会萨缪尔森《经济分析的基础》(*Foundations of Economic Analysis*)一书的部分内容。受到他关于福利经济学一章的影响,我开始阅读所谓的新福利经济学领域的文章。这些研究在我攻读博士学位期间就已经进行了,并且一直持续到我在普林斯顿大学担任讲师①的两年时间里,即1950年至1952年期间。我还阅读了利昂·瓦尔拉斯②的《纯粹政治经济学纲要》,我对博弈论也略有研究。冯·诺依曼和摩根斯坦合著的那本书③在1944年刚刚问世,成为博弈论的奠基之作。我发现,弗兰克·奈特的《竞争伦理学》④中有几篇文章极具教益,他对社会哲学就像对经济学一样感兴趣。所有这些,包括我在道德论博士论

---

① 在普林斯顿,instructor指的是临时讲师,通常没有获得博士学位,职位低于助理教授(assistant professor)。

② 瓦尔拉斯(Léon Walras, 1813—1910):著有《纯粹政治经济学纲要》(*Eléments d'économie politique pure, ou Théorie de la richesse sociale*, Lausanne-Paris-Bâle, L. Corbaz-Guillaumin et Cie-H. Georg. 1874—1877),现代经济理论创始人。

③《博弈论与经济行为》(*Theory of Games and Economic Behavior*, Princeton University Press, 2004 [1944]),由数学家冯·诺依曼与数学家、经济学家摩根斯坦合著。这本关于博弈论的奠基之作已经成为经济学的经典著作。

④ 罗尔斯在这里提到的是奈特所著《竞争伦理学》(*The Ethics of Competition and Other Essays*, London, Harper, 1935)。奈特对经济学最大的贡献之一是对风险与不确定性做出区分。风险的特征是概率估计的可能性与可靠性,而不确定性指的是人们对于情形不仅一无所知,而且无法去认知。我们在导论中提到《正义论》中对奈特思想的借鉴。

文①中积累的材料，让我在1950年至1951年间孕育出了一种思想，并最终演变成原初状态。这一思想意在设计一个讨论章程，通过该章程可以产生出合理的正义原则。我在那时曾构思过一个比最终版本更为复杂的章程。在此期间，我还必须讲授哲学课程，但我尽力保持对经济学的兴趣。后来我拿了富布莱特奖学金②，带着妻子和两岁的女儿前往英格兰做了一年的访问学者。

哈佛哲学评论：您发表过那个原来的更为复杂的公式吗？

罗尔斯：没有。我没能把它做出来。它记在旧的笔记本里，如今纸张已经泛黄，不知道放在家里哪个角落了。

哈佛哲学评论：能再稍微跟我们聊一聊那个公式吗？

罗尔斯：我已经提到，当时是为了努力让人们讨论的章程公

---

① 论文题为《一种伦理学知识基础的研究：参照对品格的道德价值的判断来考虑》（*A Study in the Grounds of Ethical Knowledge: Considered with Reference to Judgments on the Moral Worth of Character*），普林斯顿大学，1950年。
② 该奖学金项目在1946年由阿肯色州参议院富布莱特（J.William Fulbright）提出并创立，旨在促进美国与世界其他国家大学间的交流。

式化,使人们在具体情形下就何为合理的正义原则问题达成一致。他们必须对中间仲裁者提出建议,却不知道他人要提出的建议是什么,并且讨论持续的时间也有所限制,从而使某种协议得以达成。可以想象还有许多其他细节。最终,我通过设置无知之幕来限制人们的知识才摆脱这一切。我还使得这种协议具有永久性。所有这些让公式大为简化。原来的方法太复杂,有许多难题似乎不可解决。例如,"要施加多大压力才能使人们达成协议?""我们所能允许的时间有多长?"诸如此类的问题。记住,对于任何答案我们都需要哲学的证明。后来的原初状态公式所具有的优势是避免了原先那些引起我兴趣的问题,如经济学家使用的博弈论和一般均衡等,而这些领域我所涉不深。"好,我必须摆脱这些。"回想起来,我觉得当时的做法是正确的。虽然我觉得用其他方法或许也能完成,也确实有人以其他方式做过。例如,斯坎伦教授[①]并没有使用类似无知之幕的概念,[他的论证]有一部分类似于原初状态,但实际上他的思想却有明显的不

① 罗尔斯在此谈论的是他在哈佛大学的同事斯坎伦教授《契约主义与功利主义》这篇文章。这是一篇关于当代契约主义发展的重要文章,此后被收录在斯坎伦教授政治哲学论文集里,书名为《宽容的难处:论政治哲学》(*The Difficulty of Tolerance: Essay in Political Philosophy*, Cambridge, Cambridge University Press, 2003, pp.124-150)。

同。[①]因此，他的观点提供了另一种可能性。此外，我还知道，可以设计出一个更为现实的讨论章程，能够在我失败之处取得成功。我以我的方式处理问题，但我不会排除其他可能性。

新论：作为公平的正义

哈佛哲学评论：从《正义论》到《正义新论》[②]，有什么重要的改变吗？

罗尔斯：我想让《正义新论》既有高度的概括性，又能有全面的表达，尽管它只是一个纲要。顺便说一下，我不喜欢这个书名，但现在还没有更好的，所以只能用它了。我希望这本书比《正义论》更容易接受，更具可读性。我想马上就完成，但还有些内容需要修改。我争取做到三点：首先是对原初状态进行修改，

① 斯坎伦的观点之中没有无知之幕下的原初状态。相反，他的方法在于**直接**考虑政治社会行动，对每个行动进行审查，看其**是否受到一种行动原则的证明，而抛弃原则显得极不合理**。因此斯坎伦的公式与罗尔斯的公式大不相同，不仅适用于道德哲学，也适用于政治学。然而，他的基本思想与罗尔斯接近：有一些道德规范是任何人都不能抛弃的，否则他就不能道德地生活。参见斯坎伦《我们彼此负有什么义务》以及《契约主义与功利主义》，前文已引。

②《正义新论》(*A Briefer Restatement*) 是罗尔斯给他历年来为学生们讲解《正义论》时的讲课笔记起的名字。后来这份笔记以《作为公平的正义：正义新论》为题出版 (*Justice as Fairness: A Restatement*, Cambridge, Harvard University Press, 2001)。罗尔斯提到这本书的时候，我们简称为《正义新论》。

使其形式更为简单，以此来修正书中论证的缺陷；其次是答复各种反对意见，解释我为什么拒绝接受某些意见，却接受了另一些意见并对自己的观点做出修改；最后，我争取把《正义论》的观点与该书问世以后我所写的一些文章内容结合起来。

哈佛哲学评论：那些文章绝大多数都是对批评意见的答复吧？

罗尔斯：我觉得也不尽然。我的确回复了一些人，因此肯定有一些答复的内容在里面。但在写完这些文章之后我才明白，有时候人们要到事后才明白自己所做的工作。我写这些文章，最主要目的在于梳理自己的观点，消除内在的不一致。换句话说，为了说明正义即公平，该书从头至尾都使用了良序社会的概念，它假定该社会的每个成员都接受相同的广泛理论。[①]后来我觉得，这绝不可能是民主社会的情况，民主社会不符合该书的原则。这就是内在的不一致。因此，我必须修改对良序

---

① 广泛理论（comprehensive doctrines）的概念出现在《正义论》之后发表的一些文章中，其中有几篇收录于《政治自由主义》（*Political Liberalism*, New York, Columbia University Press, 1993）。如果一种理论的原则不仅涉及政治制度，还涉及我们与他人的关系（比如友谊）以及我们的生活方式，那么这种理论就是"总体性的""广泛的"，而不是"政治的"。相比较《正义论》，《政治自由主义》所做的最重要的修改就在于将一种道德正义观念与一种严格的**政治**正义观念区分开来。在罗尔斯看来，这一区分是必需的，因为公民们可以就一种政治理论达成共识而无法就一种道德理论达成一致。

社会的解释，这样就产生了重叠共识①的概念以及其他相关概念。这实际上就是后来那些文章所涉及的内容。其中前三篇是发表在《哲学杂志》②上的讲演录。

因此，我并不认为这些文章主要是为了答复人们的反对意见，尽管我在文章的各处或是在脚注里确实回应了一些重要的反对意见。如果人们的反对意见有可贵之处且能以合理的方式做出回应，那我就应该对他们进行答复。如果你致力于研究这些问题，那这就属于你的义务。但我的主要目的是对我的观点进行另一方面的补充，然后把它与《正义论》的观点整合在一起。在我看来，演变是从内部进行的，也就是说，我看到了一些错误，我必须进行纠正。当我开始构思重叠共识及其相关概念时，我认为很简单，甚至很基础。我觉得，这种共识的概念如此明显，不是什么问题。但它比我预想的更为复杂，我到现在还没有完全厘清这一概念。另

① 重叠共识（overlapping consensus）的概念在《正义论》中就已出现。不过，这一概念的理论化过程是从1987年《重叠共识观念》(«The idea of an overlapping consensus»)这篇文章开始的，此文发表于 *Oxford Journal of Legal Studies*, vol.7, 第1期，1987年2月，第1—25页。
② 罗尔斯在此处提到的讲演是"杜威讲座"（Dewey lectures），发表时的标题为《道德理论的康德式建构主义》(«Kantian constructivism in moral theory», *The Journal of Philosophy*)，第77卷，第9期，1980年9月，第515—572页，其中包括《理性与完全自主》(«Rational and full autonomy»)，第515—535页；《自由与平等的表现》(«Representation of freedom and equality»)，第536—554页；《建构与客观性》(«Construction and objectivity»)，第555—572页。

外，在《正义新论》中，就像我指出的那样，我想对论证做进一步的改善：有时是不够清晰的观点，有时则纯粹是一些错误。

哈佛哲学评论：您说过，如果您能以合理的方式做出回应，似乎回应批评是您的"义务"。您觉得您作家的身份，对于担负这种责任起到了什么作用？

罗尔斯：这种作用有若干种。首先我认为，作为一个学术共同体的成员，如果答复是合理的，并且以能够推进讨论的方式进行，那么我有义务对人们做出答复。最好避免毫无意义的争吵。有些人的批评非常好，值得去答复。这是学术生活的一部分。在我们这样的民主社会，虽然我不得不遗憾地承认它离理想状态还有很大差距，但我仍然认为，政治哲学面向的是公民而非政府，面向的是像你们这样的选民。重要的是，要进行最基础的、尽可能清晰的政治讨论，这样人们才能普遍参与其中。如果人们觉得你的观点具有说服力，你才有可能以这种间接的方式改良社会；或者更现实一点地说，你才能防止社会恶化。在一个民主社会里，政治哲学当然不具有任何权威，但它能够争取赢得人类理性的权威。在政治哲学方面，你是否获得成功，没有既定权威做出判断，与科学或其他理性探讨相比，它的情况更是如此。然而，人类理性是政治哲学所能承认的唯一权威。

《正义论》的接受情况

哈佛哲学评论：您的理论好像影响了东欧的民主运动，对此您有所了解吗？

罗尔斯：不太清楚。《正义论》已经被翻译成各种主要的欧洲语言，但我不知道它在东欧的传播有多广。曾有人告诉我，《正义论》的某些部分被翻译成俄语了，但我还没有看到。有人告诉我，有些部分被翻译成匈牙利语了。我还没有听说有波兰语译本，但可能已经有节译本了。还有人告诉我，不久前它被翻译成中文、韩语和日语了。

哈佛哲学评论：《正义论》引起的这些反响您预料到了吗？

罗尔斯：没有，我丝毫没有想到。这也许是好事，否则我就写不出这本书了。我的意思是，如果那样的话，我在写书时就会觉得有人在注视我，我就必须特别当心。

哈佛哲学评论: 这本书怎么会变得如此著名?它在1971年出版,出版后立即就取得成功了吗?

罗尔斯: 这是一个有趣的问题。要回答这个问题,我不是最佳人选。回答这个问题,就等于假定《正义论》享有某种荣誉。我不知道这是种什么样的荣誉,这也不应该由我来说。我觉得,当时它受到注意是出于几种情况的结合。你们应该记住当时的历史环境。那是在很久以前,因此你们可能不记得了。①为什么你们应该记住呢?我要是你们可能也记不住了。那是在"越战"时期,民权运动刚刚结束。这些事件主导了当时的政治局面。但当时没有任何关于政治正义观念的新书,或者说没有系统论述。曾经在很长一段时间里,政治哲学处于一种贫乏的状态,政治学和道德哲学也是如此。后来出现一些非常重要的著述,其中某些具有持久的重要意义。比如哈特②所撰写的《法律的概念》(*The Concept of Law*)以及

---

① 与罗尔斯对话的是哈佛大学年轻的大学生们,他们没有亲身经历过20世纪60年代的社会风云。

② 哈特 (Herbert Lionel Adolphus Hart, 1903—1992):罗尔斯1952—1953年在牛津访学时,哈特刚被提名为牛津大学法理学教授。罗尔斯旁听了哈特的课程,后来出版的《法律的概念》(*The Concept of Law*, Oxford University Press, 1961) 这本书中的某些内容当时在课堂上有所讲授。

他的其他作品。以赛亚·伯林①所撰写的《自由四论》(*Four Essays on Liberty*) 和他的其他许多论文,还有布莱恩·巴里的《政治论证》,所有这些都产生于20世纪60年代。但当时没有涉及正义观的著作,而这一观念触及那个时代的许多问题。正义观所涉及的问题之规模和范围,可以说简直有点疯狂。在写作《正义论》时,我预计该书大约有350页,但在排版结束后,出版社告诉我有将近600页(确切地说是587页),我大吃一惊。但不管怎么说,人们需要这种书,我觉得是出于对"政治理性"的需要。例如,第六章中所讨论的良心反对和公民不服从问题,这在当时是被激烈讨论的问题,然而当时却没有任何著作系统地探讨它们。当然,有一些更老的书,当时也有一些相关研究。比如迈克尔·沃尔泽那些出色的论文,收在了他的《义务》②一书中。因此《正义论》是那段严重的政治冲突时期的第一部大型著作。而严重的政治冲突反映了对政治哲学的需求,当然也对它的产生起了催化作用。因此《正义论》迅速地抓住了人们的注意力。但是,你们知道,我不能

---

① 以塞亚·伯林 (Isaiah Berlin, 1909—1997):《自由四论》(*Four Essays on Liberty*, Oxford University Press, 1969) 的作者。著名政治哲学家。他对积极自由与消极自由做了区分,呼应了本杰明·贡斯当 (Benjamin Constant, 1767—1830) 对古代人的自由与现代人的自由所做的区分。罗尔斯在1953年上过伯林的哲学史研讨课。

② 迈克尔·沃尔泽《义务:论不服从、战争与公民》(Michel Walzer, *Obligations: Essays on Disobedience, War and Citizenship*),哈佛大学出版社,1970年。

真正做到以客观的态度来对待这一切。不管怎么说这只是我的个人解释。它的成功有历史巧合因素。这本书如果早15年或晚15年出版，它的地位也许完全不同。当然，你们知道，这本书也遭到了严厉的批评，其中有一部分是很中肯的。无论如何人们还在继续阅读这本书。由我来断言它是否已经逃过了批判是不适合的。

面对批评

哈佛哲学评论：您是如何面对批评的？

罗尔斯：人必须学会接受批评。很多时候批评是没有根据的，是建立在误解之上的，对此类批评，我尽量忽略；但有些批评是很好的，虽说并不至于让我满心欢喜，但我确实欣赏，并且努力将这些批评纳入我今后的写作之中。给你们举个例子。哈特于1973年对我关于基本自由的观点进行了根本性的批判[①]，他完全是正确的。我一直在苦恼该如何回应他，八年后，我终

---

① 哈特《罗尔斯论自由与其优先性》(Herbert L. A. Hart, «Rawls on liberty and its priority»)，载于《芝加哥大学法学评论》(*The University of Chicago Law Review*)，第40卷，第3期，1973年春，第534—555页。罗尔斯的答复：《基本自由与其优先性》，此处引用法文译本 «Les libertés de base et leur priorité»，由 Florence Piron 译自英文，载于《批评》(*Critique*)，第45卷，第505—506期，1989年6—7月。

于知道应该怎样做出答复。我把答复写了出来，并于1982年发表。[这场交流]对我有巨大的价值。当然，它也带来了一些痛苦，但我现在能够用更强有力的形式表达我的观点了。

哈佛哲学评论：在哈佛大学哲学系内部就有学者对您提出了一些非常著名的批评，这对您产生了什么影响？是否会带来紧张氛围？或者说，您对此是否同样持欣赏态度？

罗尔斯：事情确实具有两面性。我会感到一定程度的紧张。比如，诺齐克曾提出过一些有趣的重要反对意见①，这些意见当中，有些是出于误解，有些则很好。虽然我没有专门写一篇文章来答复他，但在1978年的一篇文章中②，我已经在几个方面答复了他（尽管没有指名道姓）。现在，我看得更清楚了。在《正义新论》中有一部分，即关于把自然禀赋视为公有财产的那一节③，就是为了回应他的某些反对意见的。因此，即使你认为一种反对

① 诺齐克（Robert Nozick, 1938—2002）：罗尔斯在哈佛的同事，对《正义论》提出了最尖锐的批评之一，捍卫自己在《无政府、国家与乌托邦》（*Anarchy, State, and Utopia*）中的最小国家理念。
② 罗尔斯《作为主题的基本结构》（J. Rawls,《The basic structure as subject》），编者 Alvin I. Goldman et Jaegwon Kim,《价值与道德》（*Value and Morals*），荷兰雷伊代尔出版社（D. Reidel），1978年。
③ 罗尔斯《正义新论》第2.21节。

意见并不完全正确，但它可能提出了一个实际问题，能够改善你对问题的理解。

哈佛哲学评论：当您和像诺齐克这样的人有批评性的意见要交换时，你们只是在重要哲学期刊上笔战，还是会坐在办公室里当面辩论？

罗尔斯：这要视具体情况而定。如果是在同事之间，我们会先坐下来讨论。我跟哈特之间有信件来往，毕竟他住在英国；有时他也过来看我，我们就会一起讨论。情况不同则方式也不同。我始终把哲学视为一门对话的学科。讨论是学习的最佳方式，而写作应该在讨论与批评之后进行，有时讨论和批评好像没完没了，一直到付印成书才算终结。

哈佛哲学评论：出名的感觉如何？

罗尔斯：我尽量不去多想，但也许做不到。出名表现在人们对待我的方式上，比如当一个人被介绍给我认识的时候，或者当一个人第一次见到我的时候。考虑这个问题不会有什么好处，因为这会给工作带来消极影响。因此，我在日常生活中尽量不去想这件事。

哈佛哲学评论：所以您觉得批评带来的最大好处是可以厘清自己的思想，对吗？

罗尔斯：是的，我喜欢这样想。我确实觉得［批评］有助于厘清我的思想。如果我说，我不在乎人们如何看待［我的观点］，那就是不诚实。我当然在乎人们的反应，而且我还在乎人们接受［我观点］的程度。我在写作的时候心想，我要发表《正义论》，只有几个朋友会去读它。写作这本书用了很长时间，所以在出版后，我就想从中解脱，去做其他事。写书时也有这样的时刻，我对自己说："这本书写得真好。"我以此来鼓舞斗志，坚持写下去。［这本书］如果被认为是一部值得敬重的著作，就足以使我满意了；如果失败了，会给我带来极大痛苦，所以［被认可］还是很重要的。任何关注都会伴随批评，虽然批评暂时会让我感到痛苦，但它对我很重要。

围绕《正义论》：发表著述、教学以及学科历史

哈佛哲学评论：第一版刚问世的时候，您就希望将工作转移

到新的主题了,是吧?

罗尔斯: 是的,我当时已经计划要做其他事,主要与该书的第三部分有关,这部分也是我最喜欢的,即论述道德心理学的部分。要是去做的话,这个主题并不是全新的,却是一个相关的主题。[最终]我没有去做,将来也不会了。鉴于当时的形势,我认为最好花时间争取以更令人信服的方式论述作为公平的正义,努力对人们做出回应,消除反对意见。我不能肯定这是最值得去做的事情,但这就是我已经做的事情。我确实很偏执。我想使事情做得正确而成功。但我在哲学领域做不到这一点,我也没有绝对的自信。实际的困难总是摆在那里。

哈佛哲学评论: 在发表著述和教学方面,您近期有什么规划?

罗尔斯: 我已经70岁了,年龄是必须要考虑的一个因素。我希望不久能完成《正义新论》。它现在已经达到了应有的篇幅,不到200页。我不想把它搞得更长了,书里也不会有惊喜。你们已经看到的就是[在最终版本中]会出现的。同时,我还在整理一些演讲录,这些演讲是1980年我在哥伦比亚大学做的。除了这三篇之外,我还会从近期文章中选三篇补充进去,最终使它们也得以发表。[①]这两本书的篇幅差不多。在这之后,我就没有计划了。写作总会在某个时间停下,对我来说,这个时间也许已经到了。

哈佛哲学评论: 您明年还在哈佛教学吗?

罗尔斯: 是的,明年会教一门课。只要健康状况允许,我就还会教课。但我还没想好教哪一门,很可能会是课程171。[②]

哈佛哲学评论:《正义新论》在课堂中的使用是否促进了这本书的成熟?

---

① 罗尔斯在此宣布出版计划的这本书是《政治自由主义》(*Political Liberalism*)。在这篇访谈中他计划添加三篇文章以补充在哥伦比亚大学的讲演录,而实际上添加的文章不止三篇,这本书在初版时就有八章或者说八堂"课"。在1996年第二版中,罗尔斯又加了一篇导读以及一篇"答复哈贝马斯"。2005年在他谢世之后出版的第三版中,添加了罗尔斯(未能完成的)重写此书的创作计划,以及一篇关于公共理性观念的最新文章,其中包含一部分关于女性主义的全新内容。

② 课程171是本科生的通识课,是罗尔斯从1960年至1995年退休这三十多年间开设的现代政治哲学课。这门课会讲解《正义论》,也会讲解现代政治哲学经典著作,尤其是洛克、卢梭、穆勒以及马克思,有时也会讲解霍布斯、休谟、巴特勒、西季威克。罗尔斯在政治哲学史领域的授课笔记在他去世之后出版:《政治哲学史讲义》(*Lectures on the History of Political Philosophy*, Samuel Freeman (ed.), Cambridge, Harvard University Press, 2007),他的道德哲学史授课笔记同样也被出版:《道德哲学史讲义》(*Lectures on the History of Moral Philosophy*, Barbara Herman (ed.), Cambridge, Harvard University Press, 2000)。

罗尔斯：是的，毫无疑问。一开始，它是课堂讲义，我使用过它很多次，而每次使用，它都有所扩充。实际上，我写作［《正义论》］这本书时也是以同样的方式进行的，从1963年起，它有若干个版本。我不知道除了在哈佛以外，我还能在什么地方这么做。学生们从来没有抱怨过，我对此非常感激。

哈佛哲学评论：除了您自己之外，您是怎样选择政治哲学领域的作者，让［课程171的］学生们阅读他们的著作的？

罗尔斯：去年我们研究了四位作者。我力图让学生们了解长期存在于我们政治文化中的民主思想传统。要做到这一点，就要阅读一些政治哲学史的经典著作。我们要研究当代的重新阐释是怎样以一种严肃的方式来使用这些文献的。观念在某些方面会被修改，但始终存在着。这是研究政治哲学的一种方式。在阅读这些传统文献的过程中，如果你们足够认真，你们就会明白一种思想传统是怎样随着时间的推移而演变的。当然，你们也可以认真阅读当代作者，从某种程度上而言，这样也许更好；不过我并不经常选择当代作者，明年可能会。我不知道学生们是否喜欢我经常使用的这种历史研究方法，但这是研究政治哲学的一种方式。我去年选择的四位作者（洛克、卢梭、穆勒和马克思），他们的重要性是显而易见的，但也许换成另外四位，也会有同等重要的地位。我之所以选择马克思，是因为他现在往往不被认真对待，但了解他的思想大有裨益。他对资本主义的批判是民主传统的重要组成部分，所以我尽可能全面地介绍他。我不知道最终能否做到，但这确实是我努力去做的。这些作者，我全都努力认真对待。他们非常值得研究。

理论与政治实践

哈佛哲学评论：您从未想过进入政界吗？

罗尔斯：没有，我对此从来不感兴趣。我是对政治学感兴趣，但对从政不感兴趣。我想我极不擅长此道。

哈佛哲学评论：您似乎过于诚实了。

罗尔斯：我不知道是不是因为这个原因，毕竟我可以学着不诚实。人有不同的禀赋，从政不太适合我的秉性。

哈佛哲学评论：在关注当前事件时，一般而言，您是否都以

《正义论》的框架来思考它们？

罗尔斯：不是的。跟其他任何人一样，我会以一定的方式来对待当前事件和现有问题。可以肯定，我的观点必然以某种方式影响着我对这些事件和问题的看法，但我不会在心底自问，作为公平的正义会说什么。这样做是有局限的。我认为，一种关于正义的政治概念并不能指导我该如何思考。将它视为解答问题的工具，可以在任何时候解答任何问题，这种想法是极端错误的。这是我不愿意回答与具体政治话题相关问题的一个原因。这样做会造成一个误解，即我们可以用某种理论的方法来解决此事，但通常情况下事实绝非如此。在我看来，公平即正义是为了要解答某些特定而又非常基本的问题。它的范围是有限的。在任何情况下，合理的视野是重要的，但仅依靠它自身是不够的。判断、在熟悉情况时产生的观点、专注力等等，这些都是必需的。通常情况下，如果一个问题引起了我的兴趣，我会综合衡量各方面因素，然后得出一个观点。这也许是要做的最好的事，然后再考虑这个观点是否合理，其他人会怎么想。除了个别情况下，我一般不在意自己的观点是否与《正义论》保持一致。另外，在任何时候都想应用自己的原则是错误的。应该具体问题具体分析，不拘泥于这些原则,否则,就有成为空想家的风险。如果有人对任何事物的观点都是从自己的所谓原则中形成的,那么这个人是不可信的。

哈佛哲学评论: 有人在宿舍窗口悬挂南方邦联旗帜,在校园内产生了很大争议[①],您对此事的反应是什么?

罗尔斯: 我觉得对此事我没有什么有用的观点。我不了解实际情况。但[如果情况确实如此],这对黑人学生是一种侮辱。引发内战的南方各州脱离联邦的行为是完全不合理的,因为该行为的目的在于保存奴隶制。在某些情形下脱离可以被接受,但必须出于合理的原因。保存奴隶制显然不属于一种合理的原因。我们在整个事件中必须认清这一主要事实。另外,我们也必须考虑,对于本科生而言,什么样的符号是适合展示的。我建议南方的学生寻找另外一种南方文化的象征符号。因为无论他们自己如何解释,南方邦联旗帜的意义已经被我们的历史,被脱离行动本身定性为一种保存奴隶制的形式;19世纪就已经如此了,脱离世界上最悠久的民主制度这一行动发生的当

---

① 1991年春,哈佛大学校长以言论自由的名义拒绝强制要求在宿舍窗口悬挂南方邦联旗帜的学生拿掉旗帜。此举引发了极大争议,一些人难以接受校长的决定,因为在他们看来,南方邦联旗帜是奴隶制与压迫黑人的象征。

时就已经如此了。现在这个旗帜的意义不可能改变了。

哈佛哲学评论：假如您是大学的管理者，您是否也会持有博克校长[①]的立场（"我不赞成这种做法，但我不会强迫任何人把旗子拿下来"），或者您是否觉得应该强令制止学生的无礼行为？

罗尔斯：我还没有从校长的立场来考虑这个问题。思想的自由讨论与对其他学生的无礼行动应该有所区分，思想的自由讨论对于一所大学而言是极其重要的，而对其他学生的无礼行为则应该受到某种形式的惩罚。但如果假定悬挂旗帜是一种言语或言论行为，你就必须决定在何种情况下某种形式的行为是合法言论，你也必须确定合法的界限在哪里。而做到这一点是很困难的。我觉得我也许会尽力劝说南方的学生寻找其他的象征符号。学生群体本身就被视为一个小型的民主社会，出于历史或其他原因，有些形式的言论被学生内部某些群体视为具有冒犯或贬低或敌意的性质，因此为

---

① 德瑞克·博克（Derek Bok）是哈佛大学的第25任校长，于1971—1991年在任。此前，他于1968—1971年期间担任哈佛大学法学院院长。罗尔斯接受采访时，他刚结束了二十年校长任期。

了礼节和互相尊重，这样的言论是不合适的。但经过全面考虑，我也许会采取跟博克校长一样的做法。本科生应该对正派和文明的行为准则有默认的共识，大家都希望这一点能得到学生们自己的肯定，而没有行政手段的强制干涉。也都希望对于何为不冒犯其他人合理感情之事，学生们能够有共识。

为什么要从事政治哲学？

哈佛哲学评论：如果在1991年，面对一名喜欢哲学的大学生，您有什么话要说？您会让他投身于哲学事业吗？

罗尔斯：我很少或者说几乎从未鼓励别人投身于哲学。我会强调从事这份事业不利的一面。如果你们有极为强烈的愿望从事哲学，那是另外一回事，否则，你们也许不应该进入这个领域，因为［这门学科］有其艰难困苦之处。大多数哲学研究做得好的人干别的事情会更好，至少按照社会的标准是如此。哲学真正的嘉奖具有个人性和私密性，这是你们应该了解的。我觉得哲学是一门非常特殊的学科，尤其是在我们这个对严肃哲学关注很少的社会，即使做得好也是如此。但我不是在抱怨，也许这还是件好事。

哈佛哲学评论：为什么要从事哲学？

罗尔斯：在每一种文明中，都应该有人思考这类问题。这并不是说这种研究本身就是好的，而是因为一个社会如果没有人严肃思考形而上学和认识论问题、道德和政治哲学问题，这个社会就是有缺陷的。从某种程度上来说，文明就是能够思考这类问题，能够对这类问题予以解答。这类问题关乎你怎样认识自己在世界上所处的位置。哲学的一部分作用在于，如果我们哲学研究得好，就能够对这些问题给出合理的答案，而善于思考的人通常都会产生这些问题，这些答案也会成为文化的组成部分。艺术和音乐同样如此，如果你是一个优秀的作曲家，或者一个优秀的画家，你就对人们了解世界做出了贡献。别再追问我究竟是如何做到的。

具体说到政治哲学，它有各种不同的形式。社会通常有非常深刻的问题需要认真思考。在民主社会，自由和平等之间不断产生冲突。此外，还有一些问题没有解决，比如什么是宽容与基本多元主义最恰当的基础，而我们的社会正以宽容与多元主义为特征。对这些问题展开思考是极为重要的；

同样重要的还有，对一个人所处的社会拥有一个整体的观念。我相信所有人，至少是许多人都需要有这样的观念，这对维护现有的民主制度是有用的。而政治哲学可以满足这种需要。

著作生平

约翰·罗尔斯（1921—2002）

1939：进入普林斯顿大学，接受哲学专业教育。

1943：参军，进入步兵团，先后奔赴新几内亚、菲律宾和日本。

1946：回到普林斯顿大学攻读博士学位。

1949：与玛格丽特（玛蒂）·沃菲尔德·福克斯成婚。

1950—1952：普林斯顿大学讲师。

1952—1953：获富布莱特奖学金前往牛津大学。

1953—1959：康奈尔大学助理教授、副教授。

1959—1960：哈佛大学学术休假。

1961—1962：麻省理工学院教授。

1969—1970：斯坦福大学学术休假。

1962—1991：哈佛大学哲学系教授。

1971：《正义论》。

1974—1975：密歇根大学学术休假。

1977：普林斯顿大学高等研究院学术休假。

1986：牛津大学学术休假。

1991—1995：在哈佛大学退休后继续教学。

1993：《政治自由主义》。

1996：《政治自由主义》平装本出版，包含一篇对哈贝马斯的答复。

1999：《人民的法律》、《正义论》修订版、《罗尔斯论文集》。

2000：《道德哲学史讲义》。

2001：《作为公平的正义：正义新论》。

✦自由与平等✦

法兰西公学院课程

雷蒙·阿隆

导　言

政治：一门科学，一种焦虑

雷蒙·阿隆的作品如同政治自身：看似容易，却很难领会其最新动因和最终意图。

我们在参与政治时，自认为有着充沛激情和明智见解。现代民主政体下的公民天生怀着这一态度去参政，起初阿隆也是如此。人近暮年，他给自己那部《回忆录》拟的副标题是"五十年政治反思"。其真实意味为：五十年政治**教育**。因为我们从来不是完全理性的公民。我们怀着激情与观念，很难保持彻底的理智。因此，理解政治是一种教育，一种从未完成的人性练习，因为人类的行为言语经验总有意外之处，总会产生让我们始料未及的问题。阿隆直至生命尽头仍孜孜不倦地观察政治生活，因为他无法退离这一人性经受自身考验的领域。

阿隆对求学生涯的回忆相当精确。[①]在他而立之年，或所谓的而立之年，欧洲政治已开始将欧洲文明置于险境，使其走向毁灭。阿隆所受的早期教育仍显示了对进步的信心——社会与文化的进步看起来如同既得权益般是个稳定的事实。即使经过了"一战"，法国主流学科仍以各自学科语言表达了对人类社会与人类精神进步的信心。阿隆不得不去开辟一条自己的道路，去反对那些备受尊敬爱戴的长辈。他反对阿兰[*]不问政治的和平主义，反对布伦士维格 (Léon Brunschvicg) 的空想进步主义。在焦虑的同时，他越来越敏锐地觉察到人类命运在很大程度上取决于人们组织政治生活的方式。如果说"一战"不足以动摇很多法国人恢复战前生活的信心，其中包括或者说首先包括恢复战前文化生活的信心，在莱茵河彼岸发生的一切却很快引起了阿隆的注意，推动他展开了为之付出毕生精力的研究。

　　在多重意义上，也正如阿隆自己所言，德国是他的命运。1930 年至 1933 年，他曾两次旅居德国，第一次在科隆，第二次

---

① 除了《回忆录》(*Mémoires*) (巴黎，Julliard 出版社，1983 年。再版时由符号学家托多洛夫作序，巴黎，Robert Laffont 出版社，2003 年)，还可以参阅《介入的旁观者——雷蒙·阿隆访谈录》，巴黎，Julliard 出版社，1981 年；再版：巴黎，Fallois 出版社，2004 年。(2013 年由吉林出版集团出版中译本，译者杨祖功、海鹰。——译注)

* 阿兰，原名夏蒂埃 (Emile Auguste Chartier)，法国哲学家，记者和和平主义者。——编注

在柏林。他目睹自己所热爱的德国正在抛弃欧洲生活的基本原则。初到科隆他就有种强烈的感觉，觉得历史在朝着最坏的境地迈进。然而正是在德国，面对加速升级的事件，他发现了从思想上进行抵抗的理论工具。

马克斯·韦伯是阿隆第一个思想成熟期的核心人物。阿隆从他身上汲取了永不枯竭的好奇心、深入研究不同思想领域的能力，以及对严密因果论证的重视。同时，阿隆在韦伯身上看到很多同时代法国社会学家缺乏的一面，即冲突意识、悲剧意识，并将人类命运视为一场悲剧。韦伯思想中有不够温和与欠缺谨慎的成分，他会极度加强对立。有时在韦伯视为冲突之处，一个更为审慎平和的人看见的却可能是相容的局面，或至少是可控的紧张局面。例如，阿隆对韦伯一个著名的例子提出怀疑：根据韦伯的观点，波德莱尔《恶之花》之所以美是**因为**不道德。[①]总之，在20世纪30年代，阿隆在德国社会学中发现了帮助他度过黑暗年代的知识装备和某种意义上的**情绪** (stimmung)。

阿隆接受的法德两国教育在"二战"前夕交相完成。他

---

① 参阅雷蒙·阿隆给韦伯作品的法译本《学术与政治》(*Le Savant et le politique*) 写的引言。译者 Julien Freund，巴黎，Plon出版社（《社会科学研究》文丛），1959年，第52页。

在1938年通过了哲学博士论文答辩，论文题为《历史哲学导论——论历史客观性的局限性》。在此无法详述他这项对人"历史处境"的深入研究，简单说来，阿隆在论文中阐述了呈现、体验和认识时间的不同方式：从对自我的认识到对他者、对不同精神领域的认识。在这些不同精神领域，个体位于多重维度，他既是行动者也是旁观者，既是普通人也是史学家。尤其值得一提的是，正是为了忠于人类历史性的多重背景，阿隆既强烈批判决定主义的进化论，又强烈批判历史相对论。这两种思想彼此对立，却同样是毁灭性的，因为二者都在减弱或取消人类历史境遇的内在属性及其特有的悲剧性，即人既非时间的主人也非时间的玩偶。在很长的论述之后，阿隆仍保持着，同时也将读者带入一种不安的情绪。无论人类境遇有多么"历史性"，阿隆都拒绝承认哲学源自**其他东西** (autre chose) 并由其赋予历史意义。在他看来，历史永远不能成为哲学的替代品。在这篇作为教育成果汇报的论文结尾，阿隆表达了因人类悲剧产生的哲学家之惑："一种历史哲学跟一种罔顾历史的哲学，二者最终有着相似的可能性。"[①]

到了第二年他才成为人们所熟知的阿隆。1939年6月17

①《历史哲学导论——论历史客观性的局限性》(1938)，巴黎，伽利玛出版社（《历史文丛》），1967年，第401页。

日,"在和平与战争之间,在我们所知的过渡体制下",阿隆向法国哲学学会递交了一份报告:《民主国家与极权国家》。他在这份报告中对于战争阴云笼罩下的欧洲局势进行了清晰、锋利、朴实乃至粗暴的政治分析。没有一个字眼是为了讨好某一党派,没有一个音节是为了卖弄他的个人观点。对帕累托和韦伯著作的阅读帮助阿隆理解极权和民主政体各自的属性,这一理解并未因为行动紧急而有所扭曲,反而保留了对紧急行动来说至关重要的认识。阿隆对品格、德行①的呼吁,为他数年后以几分自嘲口吻所说的"温和的马基雅维利主义"定下了基调:

> 20世纪的极权政体已经表明,如果说存在一个错误观念,那就是以下观念:对事物的管理能取代对人的管理。而明摆的事实却是,若要管理一切事物,必须同时管理所有人。
>
> 再者,民主制能焕发活力的必要前提是重建一个精英领导阶层。这些精英不应无耻怯懦,应有足够的政治魄力却不能陷入纯粹简单的马基雅维利主义。因此我们需要的是一个充满自信又兼具使命感的精英阶层。

---

① 即 virtù,马基雅维利《君主论》中术语,意为品格、德行,强调君主应当审时度势,在不同情境中采取合适的作为。——译注

最终，也是最艰难的，是要在民主制里重建最低限度的信念，或者说集体意志。①

我们推出的这篇未发表过的文章写于阿隆学术生涯的末端，是1978年4月4日他在法兰西公学院讲授的最后一课。当时的形势自然与1939年阿隆向法国哲学学会递交报告时的主要形势截然不同。阿隆在最后一课流露出他一直就有的公民焦虑，这种焦虑给他思想与行动提供了推动力。同时，为了表明他的忧虑，他不得不使用一个从前很少使用的字眼——美德 (vertu)：

可是在如今的民主社会，我们已经不清楚美德位于何处。然而民主理论与自由主义学说总包含某些跟美德相关的内容，比如定义何为有德公民，又比如定义何为符合自由社会理想的生活方式。

今日读者，无论是否欣赏"自由主义者阿隆"，都会对以

① 《民主国家与极权国家》，1939年6月17日递交给法国哲学学会的报告，刊登于《法国哲学学会简报》1946年第二期，也发表于雷蒙·阿隆《思考自由，思考民主》，由Nicolas Baverez编辑与作序，巴黎，伽利玛出版社，(Quarto文丛) 2005年，第69—70页。

上论述感到惊讶。确实，我们对于自由主义甚至对于民主的认识主要通过一种明确的"程序"(procédure)观念来表现，无论这是关于市场还是关于权利保障的程序，似乎其自身就有价值，且无论社会成员或公民的秉性如何都能产生应有的效应。而严格意义上的行动，可以而且应该通过一些核心品质——如勇敢、公正、审慎的程度——来加以评价的行动，实际已不复存在，因为唯一要求我们具备的品质是遵守规则，就好像规则必然能满足我们的利益需求和保障我们的权利。不久前人们仍将消费者与公民，或生产者与公民视为完全不同的角色。如今"公民消费者"或"公民企业"这样的词汇我们脱口而出，可见我们在多大程度上已经丧失了公民生活意识。阿隆的生活与反思完全在另一种氛围中进行。近几年来欧洲民主国家产生的忧虑，也许不仅跟经济与金融危机有关，也跟公民生活丧失实质内容息息相关，这一点值得我们加以关注。阿隆的不安能对我们起到教育作用。

我们的政治焦虑在某种程度上归因于我们的思想困惑，而后者主要根源于"自由主义"这一概念的混沌不清。在很长一段时期，雷蒙·阿隆与贝特朗·德·茹弗奈尔①一道，是法国

---

① 贝特朗·德·茹弗奈尔 (Bertrand de Jouvenel, 1903—1987)：法国哲学家，政治经济学家。——译注

自由主义的主要代表人物。同时值得注意的是,自由主义如其所是,作为一种学术流派,甚至只是作为一种项目,远不足以充当阿隆思考的主题。自由主义为他的性情赋予形式,帮助他把握方向,但我们不能将阿隆的事业描述成实践一种自由主义学说的意图。更为准确的描述也许应当是他竭力如其所是地去研究政治,研究政治的不同形式,研究不同政体。而众所周知,在他看来,近几个世纪的经验表明,一种自由主义**政治**最有可能实现理性,更重要的是,也最有可能为一种值得选择的人类生活提供框架。我认为对阿隆来说,自由主义可以是属性,却从来不是实体。然而这种对自由主义的宽泛理解,也即政治性理解,在自由主义的论敌与自由主义的偏执理论家之双重影响下,变得晦暗不清。前者以卡尔·施密特①为代表。施密特有句著名宣言:"不存在什么**特殊**的自由政治,有的只是一种对政治的自由**批评**。"②后者以弗里德里希·哈耶克为代表。哈耶克发展出一套令人叹为观止的他称之为"自发秩序"的理论,这种"自发秩序"从人的行动而非意图中产生。这里所说的秩序是一种行动体系,其类型由市场塑造,究其根本与严格意义上

---

① 卡尔·施密特(Carl Schmitt, 1888—1985):德国法学家和政治思想家。——译注
② 参阅卡尔·施密特《政治的概念,拥护者理论》(Carl Schmitt, *La notion de politique. Théorie du partisan*),由Marie-Louise Steinhauser翻译,Julien Freund作序,巴黎,Calmann-Lévy出版社(Liberté de l'esprit文丛),1972年,第117页。

的政治无关,非但无关,反而让政治成为多余,除了恭敬地维护这一行动体系,政治再无用武之地。[1] 然而正是在评析哈耶克集大成之作《自由宪章》的一篇随笔中[2],且可以说是以欣赏的笔调写就的一篇随笔,阿隆以最为明确的方式阐释了自己的政治自由主义,或更恰当地说是自由主义政治。正是在与哈耶克自由主义的对照中,阿隆的政治思想才变得清晰可辨。

阿隆的治学风格与他的自由主义政治思想在以下这段文字中彰显无疑:

> 一个自由社会的目标应是尽可能限制人治而扩大法治。这一点毋庸置疑是哈耶克自由主义最迫切的要求。我本人赞同这一理念。因此,我之所以提出保留意见,并非因为价值层面的分歧,而是基于对几点事实的考虑。[3]

这"几点事实"包含"人类集体"的多样性,因此必须调节不同集体之间的关系。"涉外政治仍然是由人而非法律来管理的。"

---

① 参阅 Edwige Kacenelenbogen 的新作《政治新理念》(*Le nouvel idéal politique*),Pierre Manent 作序,Paris, Editions de l'EHESS (Coll. "En temps et lieux"),2013年。
② 《对自由的自由主义定义》(«La définition libérale de la liberté», 1961),载于《现代社会》(*Les sociétés modernes*),由 Serge Paugam 编辑与作序,巴黎,Puf出版社(Quadrige 文集),2006年,第627—646页。
③ 同上书,第638页。

然而,"哈耶克与大多数自由主义者一样,不关注涉外政治。他只是轻描淡写地提及:目前看来世界性政府会危及个人自由。在现有条件下,不如将就维持国家的多样性以及忍受潜在的战争风险"。① 我们也能注意到,如今这种对涉外政治漠不关心,更广泛而言,对政治主体多样性事实漠不关心的态度,在偏执的自由主义者当中是广泛存在的,因为欧洲的主流观点是,在历史遗留的划分与界限之下,人类正势不可挡地实现着大团结。如果说"极端自由主义"为人所诟病,阿隆的终极视野却受到大多数人认可:人类自发趋向于根据一种世界性的行动系统进行自我组织,唯一会对该系统之和谐造成威胁的是,旧有的国家和宗教顽固地、不可理喻地想要继续存在。阿隆对当代政治的评述大致有三分之一的篇幅是关于国防战略和国际政治问题的。阿隆细心研读过孔德著作,充分认识到社会**进步**的强大力量能使人类在全球化历史背景下实现动态统一,但是不同政治体与不同宗教之间的共存可能导致各种新的**悲剧**,对于这种可能性他保持相当的警醒。②

---

① 《对自由的自由主义定义》(《La définition libérale de la liberté》),前文已引,第638页。
② "最能将人与人区隔开的,是每个人奉为神明之物。不愿改宗的异教徒或犹太人会给基督徒带来挑战。一个不知道上帝拯救灵魂的人,他究竟是我们的同类还是一个彻底的异类? 然而我们正是要和他一起去建设一个精神共同体,作为物质共同体的上层建筑或基础。这一物质共同体是科学、技术与经济一体化的产物。人类更为清醒地认识到自身分歧与团结,实现科技与经济一体化是历史命运的要求。"出自《全球化历史的黎明》(《L'aube de l'histoire universelle», 1960),《思考自由,思考民主》(*Penser la liberté, penser la démocratie*),第1806—1807页。

哈耶克对于我们政治状况中的某些重要事实视而不见或漠不关心，这也许根源于一个简单却广泛存在的错误推论。哈耶克将存疑的问题作为既定事实；他作为出发点的事实即使在最好的情况下也只是一个需要努力才能达到的终点。更确切说来，为了显现个体行动者自由行动的自发秩序，他预先设定有这样的行动者：这些行动者都能在遵守公共规则的前提下实现自身权益与才能。然而这样的行动者并不能像变戏法般地凭空出现！阿隆在文中写道：

> 关于一种人人都能选择自己神明或价值观的社会的理念是不能得到广泛传播的，除非这一社会中的个体已经学会集体生活。从定义来看，哈耶克的哲学将古典哲学家视为政治行动初级目标的成果视为既定现实。要想给予每个人决策与抉择的私人空间，仍需全体或至少大多数有共同生活的期许，以同一观念体系为真，就何为正当性达成共识。要想社会是自由的，首先社会必须存在。①

阿隆坚信，政治财富的产生是个艰巨的过程，而且首先

---

① 《对自由的自由主义定义》(《La définition libéral de la liberté》)，前文已引，第642页。

至少应该有努力去产生的**意愿**。出于这一信念,他形成了一种就流行观念看来相当特别的怀疑论。流行的看法是,获取欧洲公民身份是轻而易举的,因为说到底这一身份也许事实上已经存在了。阿隆在1974年写过一篇文章,如今读来依然具有现实意义,或者说如今更具有现实意义。在这篇文章中,他指出一种常见的论调:"欧洲人不自觉就成了欧洲人",因为"他们共同经历着相同的生活却以为还各自过着从前狭隘的生活"。[①]对这种通过毛细作用来培养欧洲公民的公民教育,阿隆持怀疑态度。他强调指出这一论调的弱点:虽确实有利于欧洲,但其被动性不足以保证政治效果的产生,而且欧洲政治格局扑朔迷离的现实也让此观点遭遇重挫。

更深层次来说,他也预见到别人可能责难"[他的]分析是古典主义的,或者说是过时的",他指出公民身份有其特殊、本质、艰难与苛刻的一面,公民身份绝非全人类共享之物。

历史已经证明人权与公民权之间存在着差异。《人权宣言》列举的权利一部分属于(或应该属于)如其所是的人,另一部分属于公民,也即一个政治集体的成员。

---

① 《国际公民是否可能?》(«Une citoyenneté multinaitonale est-elle possible?»),发表于《现代社会》(*Les sociétés modernes*),前文已引,第791页。

我所谓的"政治集体"指的是在某一疆域范围内,能强制个体尊重公认的权利,同时也能强制个体遵守义务。

其实无论谁只要有过脱离政治集体的经历,就会体验到孤独带来的存在性焦虑(哪怕只是暂时的)。在危机时期,当个体不再属于任何政治集体,说到底他的人权还剩下什么呢? [①]

阿隆略带讽刺地对人们可能施加于他的非难进行了评论。正是因为这一评论,也正是借助于这一评论,我们不得不做出如下反思:与其说阿隆是个古典派的自由主义者,不如说他是个自由派的古典主义者。阿隆是古典主义者?难道他不是个完全的,甚至过于明显的现代派吗?难道他不是一直在推动经济、行政、教育乃至全体法国人生活方式的现代化吗?他完全没有流露出对"逝去世界"之留恋,他评论的往往是法国国家经济研究与统计学院 (INSEE) 的最新数据而非柏拉图的对话。确实如此,不过,他虽然不曾留恋希腊城邦抑或"信仰的时代",他也并不对进步或"现代性"抱有狂热的希望。他对情感的把控,他在研究人类事务,尤其是极易将我

---

① 《国际公民是否可能?》(《Une citoyenneté multinaitonale est-elle possible?»),发表于《现代社会》(Les sociétés modernes),前文已引,第794页。

们"卷走"的政治事务时所持的谨慎态度，使他更接近于一个古典主义者。这里的古典主义并不指向某些特别值得欣赏的作品或历史时期，而是更为本质地指向一种所谓的对人类局限性的勇敢接受，人类生命消亡在这局限性里，也必须在这局限性里寻找自我实现的可能，也正是在这局限性里，自由主义以及广义上的现代发明或工具需要我们去赞同与拥护，也值得我们去赞同与拥护，因为它们给人类命运带来了显著改善。

这种古典主义尤其表现在阿隆进行政治与社会调查研究的方式上，在本书发表的这篇法兰西公学院课程讲稿里，我们就能找到类似的例子。阿隆不同于那些自由主义理论家，那些人（比如洛克）以个体作为起点，认为个体在自然状态下发现了自身的权利与需求，在观念上发明了政治工具——代议制的主权国家，以保证自身权利与需求的满足。我们有时会认为作为哲学家的阿隆属于广义上的康德主义者，他自己也并不否认这一点。最能说明这一点的是，当他愿意——这是极为罕见的——描述他的终极愿景时，他确实主动提到了一种作为"调节性理念"的人类"目的支配"，也即每个人都对他人而言是目的而不仅是手段。然而这种理性观念，尽管合理，也许还鼓舞人心，却对政治理解力的分析与抉择无所助益,而阿隆涉及最深的领域正是政治理解力。实际上,阿隆不做关于自然状态、更优制度或理性观念的预设,套用牌局里的字眼,他接受历史派发给他的"庄家"。他于实际现时环境中安置自己的观察岗。如果要在哲学历史长河中给阿隆找一位对应人物,则非亚里士多德莫属。作为政治科学之父与一代宗师,亚里士多德细致分析了现实,并从现实中明辨出可能,包括"最好的可能"。

因此阿隆正如亚里士多德,是从既定现实出发。这似乎是世间极易之事,不是吗? 然而**我们**完全是以相反的方式开始的:我们以一种往昔荣耀或未来制度的名义,对现有制度,对我们隶属的社会进行评判,或者说是经常庄严地进行审判。要不然我们就是选择自己愿意接受的特性,将另外那种关联特性打入"意识形态"的地狱。每个人都手持自己的解剖刀,将好自由与坏自由,好平等与坏平等严格区分开来。我们确实拥有评判的权利,但首先应当聆听当事者的陈述,不应先入为主地认为这个世界是错的。确实,世界是晦暗的,而我们的想法也许过于清晰明朗。因此,从现实出发意味着认真对待主流意见,这并非为了盲从,而是为了从中寻找前进方向,否则我们就只是以激情选取观念,以观念之虚假光明对抗世界之混乱。阿隆治学研究正是从现实出发,他严肃谨慎的作风经常被冠以其他名号。他的思想被贴上"现实主义""折中主义""保守主义"的标签，被视为过于畏怯，不足以上升至理想，不足以表达真正的自由或平等。事实上，阿隆**接受**了现代社会和现代制度的那些重要特征，不仅左派，就连右派的大多数，且无论是否自由主义者，都对此感到愤慨或遗憾。他不仅接受资本主义，也接受福利国家；不仅接受他视为最真实的形式自由，也接受社会权。正如读者即将在本书中看到的，他将社会权也视为一种自由，因此他得罪了所有的党派。这倒不是说阿隆没有选择的能力，而是因为他把握到了现代政治基础概念，尤其是自由与平等这两个概念的模糊性与多面性。

对阿隆正如对亚里士多德而言，从现实出发意味着从目标社会主流"观念"(opinions) 着手进行研究。这些"观念"，包括本书所论及的自由与平等之"观念"，并非哲学或科学设计出的"理念"(idées)，而是切实引导人们评价与行动的"观念"。例如，在我们即将读到的这篇课程讲稿之初，阿隆考察了1789年《人权与公民权宣言》第四条中的著名条文："自由是指能从事一切无害于他人的行为。"他那条出人意料的评论乍一看颇叫人失望："这句格言道理显而易见，同时又几乎没有什么意义。"多么令人沮丧的评论。然后我们发现，他的评论相当中肯。显而易见同时又几乎没有什么意义，确实正是如此。这也证实了该格言并非一个哲学论点，因为哲学论点通常既非显而易见，又非意义缺失。自由有了新的定义，一种崭新的意义叠加于原先诸义之上，而非取消它们，在原先的公民自由与法人自由之外，现在又出现了个体自由，而这一新定义在社会、伦理和政治系统引发了全新的不确定性。这一切会带来什么结果？只有通过分析，通过先尽可能中立客观地描述，正如阿隆在这堂课中所做的那样，才能获得一个明确的答案。

提及亚里士多德并非为了点缀。提及他，是为了参照一种不但不拒绝反而要求进行价值评判的政治社会科学。我此前已经讲过，只有在聆听过当事者陈述后才能进行评判。我也讲过，评判应当以审慎和中立的态度进行。最终而言，若无价值评判，生活与科学也就不复存在。如果正如我们所言，韦伯是阿隆第一个思想成熟期的关键人物，那么一旦阿隆真正开始从事社会政治研究，静随他左右的则是亚里士多德。在人生与科学研究规划上，阿隆受到韦伯极大鼓舞，但至于说到规划的实现，则更多受亚里士多德，而非韦伯精神的引导。

此外，他毫不掩饰地摈弃了韦伯非理性思想中过激的一面。我在前文已经提及，在为《学术与政治》(*Le savant et le politique*) 所撰前言中，阿隆友好而坚决地拒绝了韦伯"好战与悲情"的视界。这段引文足以佐证：

　　无论如何选择，〔哲学家〕都将看不到"诸神之战"。如果哲学家怀有乌托邦理念，他保留着和解的希望。如果他是智者，也即对他人的不明智妥协，为什么他会将自己与愚人，将沉思者与战斗者之间的冲突视为不可调和的呢？英雄对圣人既不漠视也不藐视，他藐视的是因怯懦而非因更高勇气伸出另半边脸的人。

　　为什么韦伯如此确信奥林匹斯山的冲突无法调和？这既是因为冲突在他心中，也是因为这些冲突是社会学研究偏好的对象。理性主义者承认上帝存在论和上帝不存在论之间的冲突，承认无论前者还是后者都无法用科学加以证明。若相信上帝不存在，他得出的结论并非诸神之战，而是启蒙的逐渐普及，要不然便是幻觉的持续。反之，在信徒眼中，信仰赋予了怀疑论以意义。"诸神之战"这一说法将一个无可争议的事实——人们对世界做了各种不可调和的表现——改造成一种没有人体验也没有人思考的哲学，因为这种哲学是矛盾的。[①]

———————

① 参阅马克斯·韦伯《学术与政治》引言，前文已引，第54—55页。

我们即将读到的这一堂课达不到如此高度，不过也同样值得关注，因为阿隆在这一堂课里，探寻了一种存在于某些社会中的集体的或可分享的真理。有些社会——比如我们的社会——看似对真理毫不在意，或者可以这样说，看似已经毫无保留地选择了自由而宁愿牺牲真理，甚至宁愿牺牲对真理的探寻。阿隆并不以任何真理来对抗权利追逐中的混乱，他甚至并未棒喝肆意妄为的当代享乐主义，但是他拷问"自由主义民主国家的伦理危机"。这些国家正饱受焦虑的折磨，焦虑导致了很多疯狂的行为，这一切表明民主国家已经无法再任由一种公共真理缺失，或至少是一种被极大分享的公共财富缺失，但因为拘泥于教条式的怀疑论，民主国家剥夺了让自由获得指引的机会，如此，自由多少会迅速丧失活力。以上观察来自一个满怀善意的见证人。

　　回到阿隆的这一堂课。这堂课于1978年4月进行。他所描述的状况在多大程度上符合当今自由主义民主国家的现实呢？以上所言表明，阿隆在很多方面谈论的就是我们。无论他谈及的是关于脱离一切标准的自由，还是关于普遍公认的民主合法性，抑或是关于一种受认可的美德或公共财富概念的缺失，我们都能从中认出自己。阿隆提到对所在社会"无政府主义式"的抗拒，提到有些人对另外一种社会、另外一种截然不同的社会、另外一种"共同体"的假想，这些会让我们想起他描述的是一个消失的年代。一方面，从那时起，这一潮流就已经不合逻辑地社会化了，融进了当今社会，因为在当今社会，那些会让公民感觉从属于社会整体的威权制度几乎已经不复存在：废除义务服兵役制，仅此一例就足以说明。同时，这样一个"放松"的社会也越来越担心失去能保证社会凝聚力的制度与组织。在极端自由主义大行其道、稳踞人心的同时，安全需求与日俱增，这反映在很多现象上，比如公共卫生条例密集扩增，对污染强迫症式的担忧，公共话语对"政治正确"纪律的遵从，更遑论这十几年来法兰西共和国历届政府赋予内政部的中心地位。"自由是指能从事一切无害于他人的行为"这句名言得到前所未有的贯彻落实，结果便是，随着"加害他人"与"可能加害他人"的感觉逐渐蔓延与增强，可为之事与可言之语的空间越来越受限制。"一切都在折磨我，加害于我，或者暗地里想要加害于我"，当代公民似乎作如是说。这一令人沮丧的认识构成阿隆诊断出的公民软弱症的核心，他于第二次石油危机前夕发现了公民软弱症的众多征兆。

我们会发现，尽管阿隆对一些发展状况深感不安，但他并不谴责任何人。这是因为在一个政治体当中，按照政治体的定义,既然公民分享公共财富,也就共同对软弱,或者用今天时髦的话说,对城邦的"病理"负有责任。责任也许不均等,但人人皆有之。观察员善意地参与其中,其不偏不倚的态度开启了康复过程。学者的目光鼓励公民美德的养成。①

皮埃尔·马南

(Pierre Manent)

---

① 我要感谢雷蒙·阿隆社会政治学研究中心的助理研究员朱利奥·德·里奇奥(Giulio De Ligio),他在我撰写这篇导言的过程中提供了无私帮助。

致读者

　　读者将要读到的这篇文章是雷蒙·阿隆于1978年4月4日在法兰西公学院最后一堂课的讲义。课堂录音已经遗失。本文根据朱利奥·德·里奇奥与皮埃尔·马南的记录稿编辑而成，两位在有些地方"依靠意会"进行记录，因此这份文稿有很多不确切之处。尽管如此，它依然忠实地反映了雷蒙·阿隆在学术生涯末期所持之政治视野。

自由与平等

　　正如之前预告的那样，我将最后一课的主题献给自由，更确切地说是献给**多种形式的自由**（libertés）。我确实不喜欢使用"自由"这个词的单数形式（liberté）。如同人们常说和平是不可分割的，这不对；有时我们也说自由是不可分割的，这同样也是错误的。即使在最专制的社会，个体也能享有某些自由。要理解这一点，仅需从最普通的意义上去使用"自由"这一字眼。我们会发现个体可以选择此物或彼物，可以选择做或不做，可以选择去或不去教堂。就某个具体活动而言，个体是自由的。在这一层意义上，存在着**多种形式的自由**。我们所有人都享有一些自由，而永不能享受一切自由。在实际生活中，我们为了让自己享有某些自由，需要禁止其他社会成员来阻止我们，或者说需要阻止他们来阻止我们行使我们的自由。比如我们想要组织一次公众游行，为了成功将其实现，就需要禁止其他人，或者说阻止其他人来阻止这次游行。这就意味着，在大多数情况下，没有哪种事物或哪个人的自由不会对另外某物或某人的自由形成限制或阻碍。

当然，如果我们按照17或18世纪哲学家的方式思考，如果我们参照自然状态，问题就将以另外的方式呈现出来。在自然状态下，社会还没有形成，自由可以说等同于个体的能力或力量。确实，在有些哲学家的分析中，所谓自然状态，就是每个人的自由等同于其力量的一种状态。个体需要与自然做斗争，可随心所欲地从事任何力所能及之事。然而还有他者，鉴于个体未与他者产生社会联系，彼此之间便处于非和平即战争的状态。

正如大家所知，一些哲学家将自然状态形容成所有人之间的战争。典型的例子是霍布斯，他将他所描述的自然状态与国际关系进行类比。根据霍布斯的观点，国家之间处于自然状态，也即处于一种永恒的战争状态。战争可以是现实的，也可以仅是潜在的。另外一些哲学家则不然，比如孟德斯鸠并不将自然状态视为一种人人争强好胜的战争状态，而是一种人人都很恐惧、畏缩，因而缺乏统治欲和暴力本能的状态。关于自然状态的阐释有很多种，我觉得人们很难对不同阐释之间的争论做出决断，因为每种阐释都对应着一种关于人性的理论。在我看来，与其参考我们所知有限的旧石器时期的人类状况，不如参考我们已知的关于新石器时期小型社会与我们自己社会的状况。

我们所能确信或几乎可以确信的是，人们在游离于社会之外时，普遍怀有一种不安全感。我认为，但凡使用"自然状态"这一术语的哲学家，几乎都承认以下事实：若没有一种高于所有个体的权力，没有一种能维护和平的权力，则至少存在一种不安全的状况。孟德斯鸠在《论法的精神》中对政治自由的定义就是个典型的例子："政治自由在于人们享有安全，或至少人们坚信自己享有安全。"（第十二章，第二节）在1789年《人权与公民权宣言》（以下简称《宣言》）第二条列举的基本权利中，位列第三的即是安全。此外，跟安全相关联的财产权也值得一提，在《宣言》第二条的列举中位列第二，仅次于自由。确实，如果个体所拥有的自己所属之物得不到保护，安全无从谈起。我并不是想说或想暗示任何财产都应享有安全。无论哪个社会都会制定法律来管理财产，规定哪种形式的财产是合法或非法的。这一点似乎是无可争议的：无论在哪种社会，哪怕是纯粹的社会主义社会，总有某些东西是属于个人的，以至于我们可以认为基本人权包含了安全与所有权——当然所有权的内容是由具体社会的法律所规定的。

因此，在抽象层面对自由进行假定或推断，这几乎没有什么意义。曾经有位听众提醒我这条对自由的著名定义："自由是指能从事一切无害于他人的行为；因此，每一个人行使其自然权利，只以保证社会上其他成员能享有相同的权利为限制。此等限制只能以法律决定之。"也许你们已经听出来这其实是1789年《宣言》第四条的内容。只要不去字字推敲，谁会不同意这个定义呢？确实，只要无害于他人，可以说每个人都能享有自由。不过，我提一个在现代社会很有代表性的问题：如何证实某人的经济活动不会对他人造成伤害呢？

换言之，这一定义既是显而易见的，同时又几乎没有什么意义。比如说，再举个例子，您运用独立思考的自由大力抨击政府政策，谴责政府颁布的法律或发动的战争。很显然，您伤害了一些人，伤害了那些实施或支持政府法律或政策的人。所以，我确实很难给自由——无论是理念上的还是实际的自由——下一个清晰准确的定义。根据所处社会不同，有些自由被视为合法必要的，而其他自由则不为人知。我们所享受的某些自由于我们而言是根本性的，而在其他社会则受人漠视或不为人知。因此，我并没有野心创建一种有关所有社会一切自由的普遍性理论,而是试图去勾勒在我们所处的繁荣与自由的民主社会,或向往繁荣与自由的民主社会中,自由应具有怎样的内涵。

自由民主国家的自由

这些自由是公权承认个体享有并对之加以保护的自由。因此,我们要想享有这些自由,就必须阻止那些有可能阻止我们行使自由之人。我在此列举出四类自由,并加以区分。

首先是安全,或者说对个体的保护。矛盾或困难之处在于,这一类自由既倚仗警察与司法的保护,同时也要通过抵制司法或警力之滥用来得到保护。在18世纪的人眼中,自由的一个重要组成部分是保护个体免遭司法滥用之伤害,而司法天职本应是保护个体。同样,在今日,法律提供抵制警察的保障,而另一方面,我们这个社会对安全的强烈渴求或欲望,使得我们要求配备更多警察——我们在平日里诅咒他们,也在某些情况下主动寻求他们的帮助。可能在有些国家,这一矛盾情感没有那么突出;但在我们这个社会,这一矛盾是相当突出的,同样的人在不同情况下,对警察怀有的情绪是截然不同的。第二类自由可以概括为迁徙的自由——在境内自由迁徙并自由进出于国境。我们拥有未经任何人审批可在整个国土上迁徙的自由。如果我们对本国政策不满的话，有权选择另一个国家，在几年后成为另一国的公民。不过这种自由在历史上相对罕见。第三类是选择职业或工作的自由。这一类自由也是一种经济自由，它包括消费者的自由选择以及经营者的自由经营。第四类自由包含了宗教自由和更广泛的舆论、表达与传播自由。

当然这一系列自由都不是完美无瑕的。我们可以著书立说来披露司法体系如何被公权强行操纵，来披露警察的阴暗面，等等。不过，要是跟其他国家现状相比，在我想到的绝大多数国家，也即西欧诸国里，上述自由可以说还是能得到一定保障和保证的。关于第四类自由，我将宗教与一般舆论放在一起，因为在世俗化社会，政治信仰已经成为或趋向于成为宗教信仰的替代物。总之，我刚才列举的种种自由，可以统称为**个人自由**。从宗教、舆论或信仰出发，我现在要谈论第二大类自由，我称之为**政治自由**。

政治自由可用三个词归纳：投票、抗议、集会。在此我们可以说已经大致享有了这些政治自由。

第三大类别是**社会自由**，习惯说法是社会权，但我认为我们也可以称之为社会自由。我想说绝大多数人都享有社会自由，甚至若可能的话，依靠自身，或者借助于国家给予的特别手段,全民都能享有这种自由。社会保障的第一要义是给予所有人一定物质财产以行使一些自由,比如医疗或学习的自由。这一类社会自由包含一个子类别:社团自由。无论是工会争取权益的行动,还是企业委员会提供的服务,其目标除了在于改善员工境况之外,还在于削弱企业领导人的威权,在企业生活中引入某种更符合民主气息的东西。之前我跟大家讲过多次,我们所处社会的基本矛盾之一在于职场生活并非按照民主原则组织而成。因此,社团、工会与企业委员会之自由能削弱与缓和大企业中存在的专制等级。工会自由,也即个体聚集于工会的自由,自然能导致领导阶层与员工代表之间的权力对抗。

这三大类别的划分——个体自由、政治自由与社会自由,完全不同于时下流行的划分方式,即形式自由与具体自由(或曰实际自由)的划分。我在一开始提及的个体自由,在我看来是典型的实际自由。从一座城市去往另一座城市,离开本国去他国甚至在他国定居,难道还有比这些更实际的吗?个体自由并非某种不触及实质的形式性的东西,相反,我认为个体自由基本上或者说完全是实际的。如果说我们平时甚少思及这一点,那是因为这些个体自由已经成为我们如此正常与显然的生活方式,以至于只有在它们遭受践踏或剥夺的时候,我们才会意识到它们无与伦比的价值。

我提到的第三类自由(社会自由),同样也是极其实际的自由。社会自由可谓是其他一些自由实现的必要条件,或者说是为了减少领导阶层与被领导阶层力量差距所做的一种努力。在我们的社会,只要存在领导阶层与被领导阶层,被领导阶层为了遏制领导阶层专横而自发组织起来就是必要的,也符合社会自由原则。

至于第二类自由(政治自由),要回答该类别属于形式自由还是实际自由略为困难。我认为,我所定义的政治自由既有突出的象征意义,又会间接对大多数情境产生巨大影响。为何由选举权所定义的政治自由拥有特别的象征意义?因为在涉及某种极为重要之事,也即选择执政者时,虽然存在诸多不平等,但选举权可谓是对众生平等的认可。当然,我们可以说它主要是一种象征(确实如此),但经验表明,选举程序或代议制程序从长远看来是一种有效的自由形式,因为在一个社会内部,若选举程序受到理念上的尊重,就会预防或纠正很多暴力与不公,而一个轻视选举程序的社会,则容易遭受暴力与不公的蹂躏。在选举日,每个人微乎其微的权利可以说只是一种象征,事实也确实如此:除了总统选举之外,我们都没有直接选择当权者,而即使可以直接选择,每个人投的那一票也很快湮没于千千万万张选票当中。也可以说我们总是被迫做出选择，的确如此，因为我们能够选择的候选人只有两位，而说不定我们倾向于选择第三位候选人。在立法选举的时候，我们被逼无奈，只能在两大阵营中二者选其一，而事实上我们可能意在"别处"。就此而言，选举行为或议会程序确实不一定会让民众产生自我治理的感觉。确实，代议制政府首先拥有的是一种象征意义，但这些程序的存在以及当权者接受选民监督的必要性，会以一种重要而基础的方式，对权力滥用或专权形成约束，且不说能形成绝对保障，但至少是一种保护形式、一道防御堡垒。简言之，我们也许可以将我置于个体自由与社会自由之间的政治自由视为一种最具象征意义的自由形式，同时根据具体情形，也可或多或少将其视为实现其他自由的基本条件，尤其是当我们联想到20世纪欧洲史时。

我们也可以下述方式来介绍我们社会的自由：我们的自由在对国家的依赖与抵制中形成。个体自由在历史上曾被视为对国家滥用权力的抵抗、对国家无限权力的限制；但同时，我们也期待国家能保护我们的某些自由。尤其是安全，既依赖国家也常通过某种抵抗来实现。再比如批评的自由，知识分子将之视为一项基本自由，该自由预设我们可以发表不同意见。前提是国家须为民主类型，即不跟某个宗教或意识形态捆绑在一起。也许对一个国家而言，否定式地拒斥一种意识形态或给予所有意识形态以发展的自由，以此作为自身特性，这样做也许是危险的，可事实在于我们的制度正是通过这种方式来确定的。至于社会自由，作为一种实际能力，也来源于国家或工会的保护与扶助，以增强劳工的个体力量。至于第三种自由（公民自由），显然其核心在于通过我们所熟知的选举和其他程序参政的自由得以实现。

自由意识与美好社会的构想

有两个值得深入探讨的问题我特意未提。例如我完全没有提**自由感**的问题，不过毋庸置疑，在一个持有我所描述原则的社会里，很多人感觉不自由。首先是所有那些厌恶现存制度的人，他们都自认为受到了压迫。他们之所以如此，可能是因为在我们这样的不平等社会，确实总会有一些人多多少少受到压迫。然而无论如何，只要社会成员认为当下的权力机制是不公正的，就难以体会到自由感。换言之，能让人产生自由感的条件或情形是多样化且不稳定的，很大程度上无法系统性地被我们确定；而如果实在出于必要，我们可以——正如我已经尝试去做的——确定不同自由的内容。因此，我们需要接受以下观点：绝大多数人都认为我们这个社会是个自由社会，然而有一部分人觉得它是一个压迫社会。这种看法一方面源于这些人的物质生活条件，另一方面可能基于一个更深层次的原因，即他们关于美好社会的构想。只要他们认为现有社会是不公正的，尤其当这种不公正是由生产资料私有制导致的，他们就会觉得被剥夺了自由，因为他们不认可现行权力体制的合法性，也不认可整个经济与社会秩序的合法性。我认为，自由意识与社会合法性意识密不可分，而社会合法性意识主要取决于不平等程度与权力机制激发的感觉。因此我们很难知道在某一社会人们是否会，以及在何种情形下会体验到自由感，因为每个人的意识形态至少是拥有或缺乏自由感的主要缘由之一。

此外，我们也知道企业里的职场纪律在某些人和某些雇员眼中是一种不自由的制度。这种不自由的感觉只有两种减弱途径：一种是减少工作组织中的等级化程度，另一种是提高雇员对体制本身的认同感。绝大多数美国工人认同资本私有制，他们视工作组织为合法的或可接受的，没有强烈的被压迫感；而如果生活在一个很多人明确拒绝接受体制合法性、拒绝承认领导阶层权威的社会，则人们更容易感到来自工作组织的压迫。

最后，我故意未提的另一个问题值得花另外一堂课去阐述,即团体自由问题。然而,如果某一特殊团体向它所隶属的政治体要求自主与独立,显然那是因为它感到了压迫。这时它欲求的自由乃是集体自由,作为一个整体的团体自由。当个人作为某政治共同体成员时所享受的自由并不是我现在要分析的对象。总之,在古希腊,城邦自由是首要的。在当时,最典型的自由是团体自由,是城邦自由。而今天,有个问题我确实没有讲到,那就是集体或团体——无论是全国性的抑或其他——之自由。

我对自由的列举显然带有经验性与历史性。某些自由一旦置于其他社会背景下就会丧失意义。例如,我们很难想象在新石器时期的小型社会里,选择部落的权利会是个基本权利。在我们看来,禁止苏联公民脱离苏联国籍是可耻的,然而在历史上不计其数的社会中,此类禁令甚至都没什么意义,因为离开本国的自由或是选择国籍、选择自己中意的生活环境的自由,在很大程度上以一种类似于我们的文明为前提,这种文明保护甚至鼓励每个人的自由活动。同样,在君主制被绝大多数国民拥护的社会里,通过选举程序挑选主政者或代议制政府的想法,都不会出现在该集体成员的头脑里,这样的集体跟我们有着本质的不同。当然,这一切并不妨碍我们去寻找乃至发现一些具有普世价值的人权,然而这些普世权利是如此抽象，几乎无法启发或引导我们，因此在我看来，这方面的探索不是最重要的。总之我想表达的是，我逐一列举的那些自由基本涵盖了我们在西欧，也许包括在东欧所认为的最重要的自由。

哲学问题与自由经验

就此引出两个问题，虽然复杂，但我也必须快速谈一下。首先，这些确实关键、确实重要的自由面临何种挑战？哪些自由是不同派别一致认为应该比其他自由更重要的？哪一种自由可被视为自由之典范？其次，在我的分析视野下的政治社会自由，与自由哲学的关系如何？要回答这个问题必须先回答：自由政治与自由哲学之间究竟存不存在某种关系？

第一个问题：挑战，这对自由问题的讨论来说是很重要的。在一切自由中，哪一种是可被视为典范的**那种自由**？我之前说过，我不太喜欢使用"自由"这个词的单数形式，因为我们只能通过两种方式来确定典范式的自由：要么通过构建一种美好社会观，也即对各种自由划分等级，从中选出在我们看来能表现美好社会应有面貌的那些自由；要么更为简便地直接根据一种政治意识形态，选出对该意识形态来说至关重要的那些自由。

长期以来，或者说自从社会主义发展以来，西方的讨论焦点在于以下两类自由的相对重要程度，一类是我所说的社会自由，即市民社会里的自由；另一类是政治自由，跟国家相关，确切而言跟公民对政治生活的参与度有关。由此在整个19世纪，以及尤其是在20世纪，拥护政治自由的民主主义者与拥护社会自由的社会主义者，这两大派别之间就产生了争论。争论仍在持续过程中，但在我看来，其激烈程度有所减弱，至少法国与西欧的情况如此，因为经验或者说历史给我们上了一课，一堂严肃的课。马克思主义或任何版本的马克思主义学说，都包含一个重要观念，即无论政治体制如何，无论是专制还是代议制，生产资料的个人所有制都意味着资产阶级专政。这一观念几乎无处不在。法国共产党抛弃无产阶级专政思想的时候，曾就此重新展开讨论。事实上，这一观念见于列宁诸多文章，如今在阿尔都塞学派的很多文章里也能见到，但在马克思著作里极少被提到。简单说来可以这样概括：如果我们认为在市民社会或在经济活动中，必然存在一个统治阶级，如果我们将阶级统治称为专政，那么，只要这种社会结构没有改变，就会存在资产阶级专政。因此，为了让资本主义制度走向社会主义制度，就需要另外一个阶级替代资产阶级来行使领导权或专政权。自然，如果我们放弃了无产阶级专政理念，如果我们否认无产阶级专政是必经阶段，我们也就间接放弃了马克思主义或马克思主义某一学说的原始理念，即无论政治制度如何，社会总是受到某一阶级专政或统治。

根据当今苏联意识形态，苏联先是取消了生产资料个人所有制，同时也取消了资产阶级专政并让无产阶级专政取而代之。此后，苏联建立了一种无产阶级专政无用武之地的社会，该社会是一个不仅没有统治阶级，更没有任何阶级的社会。这一论述缺乏说服力，因为在苏联：一方面，在革命之后，国家权力由少数人或者由党行使，而从未由无产阶级行使过；另一方面，这少数人在统治国家的同时，也在市民社会行使领导权，同时他们束缚、侵犯或取缔了个人自由，而个人自由对于所谓的资产阶级民主制度来说是极端重要的，是资产阶级遗产不可分割的一部分。然而，这份资产阶级遗产，无论马克思抑或恩格斯都从未想过要消除它；他们从未想过消除资产阶级专政会同时导致对个人自由的消除。经验似乎表明，这一理论就连基本原则都是错误的：在一切社会里，或者说至少在我们所认识的一切现代文明社会里，领导地位总是由少数人占据。我们乐于承认，在民主国家的市民社会里，无论是在工业还是在银行业，均存在行使决定权的少数人，从这一点来说，这也就形成了人对人的统治。不过我们有必要补充的是，正像苏联一则著名玩笑所说，"社会主义和资本主义的区别？资本主义是人剥削人，而社会主义正好相反"。或者这样说，在已知的一切社会中，都存在人对人的统治；不同社会之间的区别，一方面在于掌权的少数人行使权力的方式，另一方面在于国家或掌权者所能给予被统治者的保障。

这一切导致一个结果：如今的自由主义主要倾向于通过与极权主义的对立来确立自身，这种方式也许令人遗憾。古典时代的自由主义建立在哲学理论之上。如今，我倾向于认为自由主义（既然大家将我归入这一派）主要以否定、自卫、偶尔挑衅的方式来获得存在的合法性，它如同极权主义的替代品，且已被历史经验宣布有效。事实上，在20世纪的各种极权体制下，自由主义发现了所有它在历史上斗争过的敌人。确实，自由主义首先是通过反对宗教专制来确立自身的，而我们后来见证的是一种意识形态的专制。我们捍卫每个人寻找个人真理的权利，从这一点来说，反对意识形态专制，实际上是自由主义或启蒙运动反对宗教专制的延续。如今我们所要求的在于，将被我们通过选举间接挑选出来的政府，与社会或者说美好社会的真理区分开来。自由主义体制甚至能允许自由主义原则本身接受质疑，就这一点而言，我们达到了原始自由主义的一种极端形式。同样，既然孟德斯鸠认为自由始于安全,在我看来,极权主义的教训促使我们重新正视安全的价值。我们生活于其中的社会并不保证人人享有期望的自由,但是能避免产生自由被剥夺的那些极端形式,而这些极端形式我们在20世纪已经见识过了。

最后,自由主义运动一个伟大的理念是在对人的管理中逐渐引入立宪原则。如今,由一部宪法所规定的民主程序一方面能保证个人参政,另一方面也用法律限制主政者专权。无论人们如何评价尼克松总统以及水门事件,根据一部宪法,可以通过司法权弹劾共和国总统这一事实本身,便符合自由主义思想最初的追求之一。尼克松总统辞职代表着一部无与伦比的宪法所能引发的极端情形。根据这部宪法,司法权既高于行政权也高于立法权,法律程序在权力行使过程中拥有至高地位。而权力行使过程中对合法性的保障在历史上也实属罕见。我当然明白即使在我们的体制下,合法性也并不总能得到维护,然而这种理念长存。一些事例表明,理念有时很管用。

这一切并不意味着我们已经结束争论,即将达成共识。争论仍在持续。争论的焦点在于不平等——资源或机会的不平等。我们越是认为自由是行动的能力或权力,越是无法接受不平等。换言之,人们越来越将自由等同于平等,任何形式的不平等都变成对自由的践踏。我认为这是一种错误或幻觉,如果你们想有所了解,建议阅读最近出版的由罗伯特·巴丹特尔①主编的《自由,自由》②,在这本书里,自由与平等完全被混为一谈。作者们认为拥有较多资源手段、社会地位较高的人,比其他人更加自由。如果我们以权力来定义自由,这一观点显然是对的。然而如果我们按照最严格精确的意义来理解自由——将自由视为平等权利,那么在一个非平均主义的社会,权利平等就不能通过权力平等来体现。例如,我们可以赋予所有人上大学的权利,但不可能让每人就读于同样的大学,也不可能让每人都取得同样的学业成就。还有一些持有悲观论调的书,认为在我们社会,个体权利的形势不断恶化,比如罗杰·爱荷拉在《被忽视的自由》③一书里,确实提到很多践踏或冒犯我们所持原则理念的情形。

一种全面抗拒社会的新思潮

然而,如今在西欧产生了某种新的思维方式,这种方式

---

① 罗伯特·巴丹特尔(Robert Badinter, 1928—):律师、政治家,曾担任密特朗政府司法部长,推动法国在1981年废除了死刑。——译注
②《自由,自由——罗伯特·巴丹特尔主持的委员会关于自由宪章的反思》(*Liberté, libertés. Réflexions du comité pour une charte des libertés animé par Robert Badinter*),密特朗作序,伽利玛出版社,1976年。
③ 罗杰·爱荷拉,《被忽视的自由》(*Les libertés à l'abandon*),巴黎,瑟伊出版社,1978年。

完全超出了我今日讨论的范畴，换句话说，我们今天所进行的讨论究其本质而言，还拘囿于传统思维。确实，如今在我看来，年轻人中最时髦的意识形态之一是对权力本身的憎恶。我们就此进入讨论的另一阶段，或者说进入一种完全不同的讨论。我们称之为新哲学家的这一代人，在今天揭露苏联体制与古拉格的罪行，他们未能，或者说至少目前还未能接受自由主义社会。他们所排斥的，归根结底是权力本身；他们发现或者说自认为发现的——当然这确实存在——是权力网络，或者说网络式的权力。如果我们将权力定义为人对人的行动或影响，那我们就身处网络中，身处无穷无尽的权力网络中：学生处于师生关系的权力网络中，工人处于企业权力网络中，企业领导处于行政系统的权力网络中，等等。一个非平均主义的社会包含相当数量的集体活动，有社会的地方自然就会有权力。可是要消除权力，要么只能假想职业活动可以不需要领导人（在我看来无论对自治抱有多大期望这都很难实现），要么设想减弱中央权力，在这种情形下进行地方分权或使领导组织与地区多样化。最终，人们可能寄希望于在我看来启发了这一代人的一种观念、一种表现，即所谓的社群（communauté），有时也被称作无政府主义。

恐怕这两个概念是相悖的，但是我们发现，例如在罗伯特·巴丹特尔的书中,社群的概念根深蒂固,他认为个体能在社群中发现真正的自由。当然,个体有可能在一个友爱的社群而非在竞争或孤独中发现自由。然而紧密狭隘的社群可能很快演变成专制。我不确信村落就其自身而言是无政府状态的,是能保障个体自由的。同样,我也不确信对于那些未加入工会或不愿加入工会的工人,工会力量能否保障他们的自由。但是我们应该发现当今有这样一种潮流,即我们所定义的自由主义——自由与权力的多元化——因为伴随着一种职业生活或经济生活中的专制系统,被很多人视为压迫的本质所在。他们不能在马克思主义或苏维埃主义中发现美好社会的代表,便不去追寻美好社会,转而对现有社会进行全盘否定。这种全面否定有时采取和平形式(社群、"嬉皮士"),有时采取你们很了解的暴力形式。

政治自由与哲学自由

现在我来说最后一点:政治自由与哲学自由的关系。在本堂课中,到现在,我只是简单地将自由定义为主观行动,该行动经过了抉择,意味着个体有做或不做的可能。然而毋庸置疑的是,哲学家们赋予了自由更丰富准确的内涵。比如孟德斯鸠曾说过,哲学家的自由是对意志的行使。我不确信是否所有的哲学家都同意这样的定义，但不得不承认存在着一个重要的哲学传统。根据这一传统，真正的自由在于掌控理性或意志以引导激情。典型的自由是理性思维，由理性引导激情。由这一点出发，一些自由哲学理论可能多少会将自由政治与自由哲学混淆。确实，如果都以理性人作为预设，哲学与政治会不谋而合。它们所预设的人不一定善良，有可能或很有可能是自私的、老谋深算的，有欲望，甚至会有激情。然而自由政治并不经常将理性人作为公设或前提，反而将其作为目标，认为自由社会的目标之一是创造自由人：不受突发情绪掌控，不任由激情支配，遵从理性，根据理性接受公民身份，换言之接受社会法则的人。只有这样，人才能真正确实地获得自由。

从某种程度来说，遵守法律的社会人在政治意义甚至在哲学意义上已经是一个自由人：他遵从自己，至少在一个民主政体下他遵从自己，他成为最好的自己。他是作为一个遵守法律的自由人而进行自我实现的。如果说公民意识不等同于道德的话，至少我们可以说公民意识是道德的一部分。可是，将自由社会理解成对自由人的培养，我不确定这种认识是否仍属于当今哲学主流。在康德的理想社会中，人是自由而有责任感的，受理性支配和引导。然而，我觉得在如今绝大多数西方社会，自由在于解放欲望。我们身处一个享乐主义的社会，这是显然的。不仅如此，我认为就当下而言，敌人即国家，阻碍个体欲望的敌人即国家或者权力；所有那些禁令与制度确实都限制了个体作为欲望主体的自由。

也许我过于认真地对待巴黎如今的时髦哲学，错误地估计了它的重要性。然而事实上，我认为在整个西方社会里，当我们引用自由和自由社会的概念时，我们并非为了敦促个体守法或根据理性法则自治，而是为了鼓动他们毫不遮掩地表现个性，无所顾忌地追逐欲望。我几周前给你们讲了约翰·斯图亚特·穆勒的《自由论》[1]，的确，他在那本书里也写道，只要个体的生活方式不对他人造成损害，即使这种生活方式是伤风败俗的，社会也应给予个体充分的自由。从这一意义上来说，穆勒主要将自由视为个体选择自己生活方式的可能性与合法性，他想要放荡便可以放荡，他愿意吝啬便可以吝啬，他性情卑鄙便可以无耻对待亲友；此类行为需要道德审查，然而公权无论如何都不应介入。如今在我们的社会，自由在于对现实原则的抑制、对享乐原则的解放以及对**爱欲**（éros）的解放。在我看来，所谓自由主义民主国家的道德危

---

① 约翰·斯图亚特·穆勒《自由论》，纽约，出版商 H. Holt and Company，1905 年。

机的根源正在于此。的确，任何政体都应首先拥有合法性，其次拥有一种价值观。至于合法性，我觉得我们的自由主义民主政体几乎已经成功取得了，尤其是跟苏联进行对比，我觉得西方民众，包括绝大多数法国人，无论其政治立场如何，都将选举程序和个体自由视为根本性的东西。可是在如今的民主社会，我们已经不清楚美德位于何处。然而民主理论与自由主义学说总是包含某些跟美德相关的内容，比如定义何为有德公民，又比如定义何为符合自由社会理想的生活方式。

我们的社会对其成员来说拥有合法性，但是除了允许每人选择自己的道路之外，它没有其他价值观。我认同这一价值观。我同意以这种方式来认识我所身处的社会。可是，如果参照研究历史上的社会，我会产生如下疑问：民主政体合法性原则在于选举，价值观在于不仅赋予每个人自主选择生活方式的权利或自由（这是正确的），还允许他们自主选择善恶观，这样的政体有可能保持稳定吗？事实上，我感觉如今无论在中学还是在大学，跟学生们严肃探讨公民义务已变得极为困难。我想，冒险去这样做的人属于一个业已消逝的世界。

这一观点，马尔罗曾不止一次以各种方式表达过。跟他一样，我不确定在我们的社会中是否还有一种关于美好社会的构想，是否还有一种关于理想之人或完美之人的理念。也许这种作为自由主义基础的怀疑论是我们的文明在充分发展之后必然取得的结果。我们忍不住会提出疑问，尤其因为除了我们自己社会，还存在其他类型的社会，其他拥有完全不同的合法性原则的社会，这些社会不仅传授合法性原则，同时也描绘美好社会的图景，树立有德之人的典范。不过我并不确定这种教条式灌输是否能取得真正的成功。我所做的仅仅是观察，我只要指出我们所处的位置就可以了。

我没有对最新的研究加以考虑。当下的研究一方面集中于动物行为学，一方面集中于一种人类社会生物学。人们对社会机制有了更好的理解。所有这一切都超出了我参与的传统讨论范畴。我之所以参与其中，并不是因为我不了解后来的研究进展，而是因为这些生物学或行为学研究还没有获得广泛认可，我们所处情形依然是我所描述的那样。

自由社会幸福的特例

最后再说几句，不是总结，只是一个小意见而已。说到底，我讲的一切只跟人类一小部分成员有关。我的思考涉及自由与平等的关系，涉及在自由里寻求平等的呼声，这些都是西方社会的现象。西方社会相对繁荣富裕，于平等中寻求自由或于自由中寻求平等是其深厚的历史传统。然而，如果想到我们的社会只代表人类的一小部分,那我就必须指出,这些属于我们的问题、这些我想仍然具有一定意义的争论、这些养育我们思想的哲学思辨,这一切终归是西式的,也许仅局限于西方社会。我的意思绝不是说非洲或亚洲人民对我所提的平等问题,对我所论及的自由问题无动于衷。我认为我们在西方所做或所想的并不是地方性的,但我们的问题与思想是属于发达社会的,这些发达社会可以说决定了其他民族、其他社会的词汇与言论,它们着重关注的问题很可能对其他大多数民族而言,并不是最紧要的问题。

我不想给出任何结论。我要说的仅仅是,我们理直气壮去批判的社会,我们身居其中不完美的社会,如今跟世界上其他大多数社会相比,代表着一种幸福的特例。我们的社会,我们描绘它、批评它,我们持续不断地辩论它应有什么样的秩序,我们以社团和政党和平斗争的方式产生权力,毋庸置疑,这样的社会在历史上都是特例。我不断言我们的社会将走向灭亡,我也不断言其他人类社会必将按照我们的模式组织共同生活。我要说的是,我们越是热爱自由,无论是实际的各种自由还是理念上的自由,越不应忘记我们正享受着古今少有、举世罕见的特权。

著作生平

雷蒙·阿隆（1905—1983）

1924—1928: 巴黎高等师范学院就读,与萨特、尼赞、康吉莱姆结为好友。哲学教师资格考试获得第一名。

1930—1933: 旅居德国。

1935:《当代德国社会学》。

1938:《历史哲学导论——论历史客观性的局限性》;《论当代德国历史理论——历史批判哲学》。

1940—1944: 于伦敦任《自由法国》杂志主编。

1945—1955: 任《战斗》与《自由思想》杂志撰稿人;在政治学院与国家行政学院任教。

1947—1977: 任《费加罗报》社论作者。

1948:《大分裂》。

1951:《系列战争》。

1955: 当选为索邦大学社会学教授（1955—1967）;《知识分子的鸦片》。

1957:《阿尔及利亚悲剧》;《世纪之盼与世纪之忧——非宗派主义论文集》。

1960：创建欧洲社会学中心。

1960—1978：先后在高等研究实践学院（第六分部）与社会科学高等研究院担任研究主任。

1961：《历史意识维度》。

1962：《和平与战争：国际关系理论》；《工业社会十八讲》。

1963：当选法兰西人文学院院士；《争鸣：引入原子能战略》。

1964：《阶级斗争》。

1965：《论自由》；《民主与极权》。

1967：《社会学主要思潮》。

1968：《找寻不到的革命：对五月风暴的反思》。

1969：《想象的马克思主义：从一个神圣家族到另一个神圣家族》；《论现代性辩证法：进步信仰的幻灭》。

1970：当选法兰西公学院"现代文明社会学"讲席教授（1970—1978）。

1973：《暴力的历史与辩证法》。

1976：《思考战争，克劳塞维茨》（第一卷《欧洲时代》；第二卷《全球时代》）。

1983：《回忆录：五十年政治反思》。

◆伟大的异乡人◆

米歇尔·福柯

导　言

"从前，我读过很多被称作'文学'的书。我扔掉了很多，看不下去，也许因为我没有掌握阅读的诀窍。如今 (1975)，一些像《在火山下》①《西尔特沙岸》②这样的书涌现出来。我很喜欢一位作家:让·德梅利耶③。他的《乔布的梦》很震撼。还有托尼·杜威尔④的书。说到底，在从前，对我这一代人而言，伟大的文学就是美国文学，是福克纳。似乎只有通过一

---

① *Au-dessous du volcan* (*Under the Volcano*)，英国作家马尔科姆·劳瑞 (Malcom Lowry) 发表于1947年的小说。——译注

② *Le ravage des Syrtes*，又译作《沙岸风云》，法国作家朱利安·格拉克发表于1951年的小说。——译注

③ 让·德梅利耶 (Jean Demelier)：作家，画家，1940年生于普瓦捷，是贝克特与皮埃尔·克洛索夫斯基的朋友。他的头两部小说《乔布的梦》(*Le rêve de Job*, Paris, Gallimard, 1971) 与《乔纳斯的微笑》(*Le sourire de Jonas*, Paris, Gallimard, 1975) 让他在文学界崭露头角。

④ 托尼·杜威尔 (Tony Duvert, 1945—2008)：法国作家。——译注

种无法追本溯源的外国文学,我们才能进入当代文学,才能拉开与文学的距离。文学,曾是'伟大的异乡人'(la grande étrangère) ①。"

1975 年,在关于雅克·阿米拉《纳奥克拉提斯之旅》②这本书(他先收到了邮寄过来的手稿)的访谈中,福柯极为罕见地描述了他的文学书单。我们能看到这份短书单的构成相当多元。他的阅读范围涉及像让·德梅利耶或雅克·阿米拉这样的年轻作者,也有朱利安·格拉克这样的成名作家;此外,他也袒露了对托马斯·曼、马尔科姆·劳瑞、威廉·福克纳这些作家的欣赏③,出于这种欣赏,他在 1970 年进行了一次从密西西比河谷到纳齐兹 (Natchez) 的寻访福克纳之旅。关于福柯的阅读经历,我们仍然所知甚少。根据他弟弟的说法,在他们位于普瓦图的童年时代的家中,竖立着两个风格迥异的书架:一个在外科医生父亲的书房里,摆放着学术的、医学方面

---

① "盛日:雅克·阿米拉与勒马尚访谈",《巴黎日报》,第328期,1975年4月25日, 第13页 («La Fête de l'écriture. Entretien avec J. Almira et J. Le Marchand», *Le Quotidien de Paris*);后发表于《言与文》,达尼埃尔·德菲尔主编,伽利玛出版社,1995年, 第2卷, 第154篇 (*Dits et écrits*, Daniel Defert, François Ewald et Jean Lagrange [eds.], Paris, Gallimard, 1995)。

② 雅克·阿米拉 (Jacques Almira):作家,哲学与古典文学学士,著有多部长篇小说与中短篇小说,他于1975年因《纳奥克拉提斯之旅》(*Le voyage à Nuucratis*, Gallimard) 获得梅迪西斯文学奖 (le prix Medicis)。

③ 参见"真实、权力与自我",《言与文》(«Vérité, pouvoir et soi», *Dits et écrits*),第二卷,第362篇,第1598页。

的书，禁止触碰；另一个是母亲的文学书架，可随意阅览。福柯在母亲的书架上发现了巴尔扎克、福楼拜和古典文学，而在教会学校里，他阅读了一些希腊文、拉丁文著作。①也许是在乌尔姆街，在巴黎高师的神奇图书馆里，他才开始无所顾忌地阅读。巴黎高师图书馆是法国最早一批向公众开放的图书馆之一，馆内藏有诗歌、哲学论著、批评文论、历史文献等各类书籍。在这座由莫里斯·布雷②管理的图书馆中，他解构了一种话语秩序，文学出现在他眼前。达尼埃尔·德菲尔在《言与文》的年表中，给出了一些线索：福柯在1950年如饥似渴地阅读圣-琼·佩斯 (Saint-John Perse)，1951年阅读卡夫卡，1953年开始阅读巴塔耶和布朗肖，追随新小说运动（阅读阿兰·罗布-格里耶的书），1957年夏发现了鲁塞尔 (Raymond Roussel)，阅读《如是》(Tel Quel) 杂志③的作者们，1968年1月重读贝克特。

---

① 根据2011年出版的《福柯手册》(Cahier Foucault) 中福柯弟弟德尼的回忆，Philippe Artières, Jean-François Bert, Frédéric Gros et Judith Revel 主编，巴黎，L'Herne 出版社，2011年。

② 莫里斯·布雷 (Maurice Boulez)：乌尔姆街巴黎高师的图书管理员，作曲家皮埃尔·布雷的兄弟。

③ 《如是》(Tel Quel) 杂志：以文本-政治研究为方针，20世纪60年代至70年代主要发表当时被认为是违反常规的、持不同政见的、不为人知的、有争议的甚至引起公愤的作家、哲学家、语言学家、精神分析家及文学理论家的文章及作品。以该杂志为中心形成一个前卫文学团体，代表人物有索莱尔斯 (Sollers)、奥利耶 (Ollier) 等。——译注

我们不应忽视福柯自1956年起旅居国外的重要性。对乌普萨拉 (Uppsala) 法国之家 (la Maison de France) 和华沙法国文化中心 (le Centre de civilisation française) 藏书的日常阅读，也许极大加深了福柯与文学语言的紧密关系。在瑞典和波兰的孤独冬日里，福柯在进行大量阅读——夏尔 (René Char) 的诗集是他的枕边书——的同时也教授了很多文学课程。正是在这两地，在这两种对他而言陌生的外语中，正如我们所知，他进入了第一个创作高峰期。他每周教授几个小时的法语，包括法国文学课。尤其值得一提的是课程中关于法国爱情主题文学的研究，研究范围从萨德 (Marquis de Sade) 直至热内 (Jean Genet)。在瑞典，福柯曾主持一个戏剧俱乐部，带领学生们将一些当代戏剧搬上舞台。[1]1959年在克拉科夫 (Cracovie) 和格但斯克 (Gdansk)，他做了几场关于阿波利奈尔 (Guillaume Apollinaire) 的讲座。作为读者的福柯，还有一些经历更让人好奇，比如他在乌普萨拉期间曾遇见克劳德·西蒙、罗兰·巴特，以及来领诺贝尔奖的加缪。在晚年，他与一些年轻作家过从甚密，比如马蒂厄·兰东 (Mathieu Lindon) 和埃尔维·吉贝尔 (Hervé Guibert)。见面的时候

---

[1] 根据乌普萨拉大学图书馆收藏的法语联盟档案里的材料。

他从不"谈"(parler de) 文学,似乎对于这些作家,他阅读其作品,却并不想跟作家本人发生对话,比如他从不去见莫里斯·布朗肖,"说是太欣赏他了,以至于不想认识他"①。20世纪60年代初的福柯跟文学保持一种亲密关系,只要查看他为写作《古典时代疯狂史》而做的阅读笔记就能明白这一点。对监禁档案、比赛特 (Bicêtre) 精神病院登记簿以及国王密令的分析,首先是一种文学阅读的经验,关于这种经验,后来他在与历史学家阿尔莱特·法尔日 (Arlette Farge) 合著的《家庭的无序》②这本书开篇中进行了解释,该书发表了一些监禁档案资料。福柯着迷于这些档案的诗意之美、纯粹图式存在 (existences graphiques) 之美、他所谓的"17世纪以降文学坡线③ (ligne de pente)"之美。

　　然而,对于这种亲密关系,他一直采取否认态度。比如,他在1963年写了整整一本关于雷蒙·鲁塞尔的书,在讲述如何遇到鲁塞尔的作品时,他却是以这样的方式进行的:在科尔蒂图书馆 (librairie Corti),"我的目光被一套书吸引住了,

① 达尼埃尔·德菲尔,"编年史",《言与文》,前文已引,第1卷,第43页。
② 阿尔莱特·法尔日与福柯合著《家庭的无序:巴士底狱档案中的国王密令》,伽利玛出版社("档案"丛书) Arlette Farge et Michel Foucault, *Le désordre des familles. Lettre de cachet des archives de la Bastille*, Paris, Gallimard (coll. «Archives»), 1982年。
③ "卑鄙之徒的生活",《言与文》,前文已引,第2卷,第198篇,第252页。

黄色封面，有些老旧，上世纪末的出版社传统上会使用这种颜色。（……）我发现了一个闻所未闻的作者：雷蒙·鲁塞尔。那本书叫作《视》(*La Vue*)。刚读几页，我就觉得这本书文笔极其优美"。[1]

"伟大的异乡人"实际上是隐姓埋名的过客。因为福柯不仅是严苛的读者和文笔独树一帜的作家——他的每部作品问世之时，文风都会受到欣赏和认可。作为哲学家，他与文学之间的关系——构成本书的资料极好地证明了这一点——是一种复杂的、批判性的、战略性的关系。只要仔细阅读他的文字——不仅局限于他的著作，也包括《言与文》以及他在法兰西公学院的讲课——我们就会发现这一点。如果我们阅读福柯在20世纪60年代所做关于文学的各类序言、访谈、讲座（根据布朗肖、巴塔耶等人的术语来组织，或相反，试图用一种作者理论或一种关于语言空间的总体描述来重新审视文学批评的传统元素）[2]，如果我们记得这些文本不仅是对他那些考古名著的强调补充，也在这些名著内部产生局部共鸣——比如当他提及俄瑞斯忒斯或《拉摩的侄儿》（《古典时代疯狂史》）、萨德（《临床医学的诞生》）或塞万提斯（《词与物》），

---

① "激情考古学"(1983年)，《言与文》，前文已引，第2卷，第343篇，第1418页。
② 参阅本书附录福柯关于文学的著述目录。

我们就能更好地把握这种文学关注的独特性。如果说福柯在某种程度上与整整一代人态度相一致，如果说他也延续了法国思想中一种坚持的姿态，即力图让小说或诗歌成为哲学思考的试金石（巴什拉、萨特、梅洛·庞蒂轮流接受过这一考验），福柯的文学关注看上去像是自身话语的一种真正重复（redoublement）。重复，或更确切说是永恒替身（doublure），也即以极端方式，尝试同时言说某一既定时期的世界秩序及其表象秩序（正如我们所熟悉的，福柯在其研究中对一种"思想体系"的考古学描述）以及与之矛盾的，对世界之过度、越界、**域外**（dehors）维度的表象。他早期的重要著作，尽管面向不同的特殊对象（疯癫、临床医学、人文科学的诞生），都分析了同一主题，即我们关于世界的话语，其组织方式如何受到既定历史时期一系列划分（partages）的影响。相反，他在同时期关于文学的著述似乎展现了一系列奇怪的形象——执拗的作家、冰冷的话语、写作迷宫，若非是为了表现对上述主题的明显拒斥，至少是为了表现显著例外。唯独一种情况下，"著作系列"（ligne des livres）与福柯的文学文本系列有所交叉：《雷蒙·鲁塞尔》[1]。唯独在这本书中，历史的和知识型

---

① 《雷蒙·鲁塞尔》（*Raymond Roussel*），伽利玛出版社"路"丛书（Gallimard, coll. «Le Chemin»），1963年。

的研究似乎完全消失了，取而代之的恰是关于话语秩序为何失序的隐秘观点：也许是因为一种行为——写作的行为，但也是因为另外某种东西，这种东西直接包含着一种要将文学作为战略来占有的方式。在这一时期，福柯处处倾向于同时支持两种立场，一种立场在于否认文学的特殊性，另一种立场则强调文学的战略中心地位。在第一种情形下（考古学式研究），相对于其他话语产物（行政文书、契约、档案资料、百科全书、学者著作、私人信笺、报纸……），文学并不具有任何特殊性；第二种情形（"文学"文本）则意在说明，在文学内部，一种姿势（posture）和各种写作手段之间存在着某种关系，这些写作手段因为是以一种特殊形式进行的，会导致某种类似于无-序（dés-ordre）经验或断裂行为的东西，比如一种变化模式或一种变形操作。总之，一方面是词与物之间强烈的关联，另一方面是一种奇怪的论断，即能被言说之物有时却无法被思考。从此，这一奇怪的分离让众多实验成为可能，在实验场域中，话语（discours）能够超越自身规则或超越它所指之物的单义性："鲁塞尔之谜，在于他语言（langage）的每个成分都取自一个充满无数构型可能的系列。这一秘密比布勒东暗示的秘密更明显，却更为艰涩——它并不在于对意义的玩弄，也不在于各种揭露的把戏，而在于**形态的一种审慎的不确定**

性 (incertitude concerté de la morphologie)，或者说，在于确信**多种建构能够形成同样的文本**，而同一文本允许存在互不兼容、各行其道的阅读系统，这是**形式之严格而不可控的多功能性**[①]。"

关于这一主题有两点说明。一方面，对福柯而言，相对于他自己的分析，文学所代表的这种"域外"与一个自愿的行为是密不可分的。享有这一令人眩晕的**形式多功能性**，让我们的世界秩序滑向它自身混沌深渊的，并非文学本身，而是负载文学的行为：将文学作为战略，也即**对文学的某种利用、诸种手段**的实施以及叙事布局内部的一切爆破工作，这一爆破工作经由反意义霸权的战场建设而达成。另一方面，这一"域外"超越了布朗肖此前赋予该词的定义，也超越了福柯20世纪60年代中期开始借用该词时的定义——对"我思"与"我言"二者分离关系的观察以及语言向自身外部不确定的缓慢渗出，超越在于，文学这一"域外"还直接确定了话语逃避表象王朝的另一种存在模式，在这种模式下，一些物质手段得以施行，来建构这些结构顽固的言语——根据不

---

① "雷蒙·鲁塞尔的言与视"，《公开信》(«Dire et voir chez Raymond Roussel», *Lettre ouverte*)，第4期，1962年夏，重新收录在《言与文》第1卷，第10篇，第211页。黑体部分为本书序言作者强调指出。

同情形有：无法听清的、荒谬可耻的、无法归类的、无法被翻译的、无法论证的、碎片化的、偶然性的、不稳定的、令人眩晕的言语。

20世纪60年代末，跟文学的这一奇特关系似乎消失了。原因也许有很多，我们在此试举三种。

第一个原因：话语相对于其他实践形式而言，不再具有特殊地位。话语秩序是一种（历史给定的）世界秩序：它是我们组织跟事物、跟我们自身、跟他人关系的模式之一，但它并不代表着一种独断的模式。有时，话语秩序先出现，创建了其他划分（例如一种制度的诞生、某种对身体的干涉、一种社会隔离），有时话语秩序似乎是其他划分的结果。同样，对文学的某种利用，其"无序"只是打破世界秩序的诸多尝试之一，存在着其他战略，比如不通过写作进行的言说、"引导自身行为"的种种方式，都对世界秩序进行了斩断、质疑或爆破。就此意义而言，福柯逐渐放弃将文学领域视为自身研究的"替身"，这一放弃也许归因于他有意要将自己的疑问延伸至一个更大的主题——这次是以权力和抵抗的形式提出的。被用作战争机器的文学写作，很容易在其中找到自身位置，不过它已经不再代表着问题的唯一范式。

第二个原因：我们很难对一种决定做出说明。我们刚才提到对文学的**利用**和**写作手段**：这里必须要有主观意愿，涉及的必定是一种意图。然而根据旧观点——也许仍然是现象学回忆下的重要观点——只有在文学和疯癫交叉之时，才能形成足以"解开"语言的那种言语，在这一观点的笼罩下，很难去辨识意图问题。一位像路易·沃福森①或让-皮埃尔·布里赛②这样的作者，其**意愿**是什么呢？那种意愿什么时候才是彰显的？ 20 世纪 70 年代初以来——尤其是从"监狱信息小组"(GIP) 时期所代表的另一种言语经验开始——似乎让福柯越来越感兴趣的东西，或者说向集体维度的跨越，这究竟是什么？如何将无-序(无论是有关语言规范的解构、对某一制度的拷问还是对自己身份客体化的拒斥)与一些被划分的实践联系在一

① 路易·沃福森 (Louis Wolfson)：美国作家，出生于 1931 年，很早就被诊断出精神分裂症。1970 年伽利玛出版社出版了他的法语作品《精神分裂症与语言》(*Le schizo et les langues*)，由吉尔·德勒兹作序，受到批评界热烈欢迎，其中尤其著名的有福柯的一篇评论文章，参见《言与文》，第 2 卷，第 73 篇，第 13—25 页。
② 让-皮埃尔·布里赛 (Jean-Pierre Brisset, 1837—1919)：甜点师、语法学家、作家、发明家、昂热火车站行政监管员，被选为"思考家王子"并成为啪嗒学 (pataphysique，又译荒诞玄学) 日历上的圣人。布勒东、朱尔·罗曼 (Jules Romains)、雷蒙·格诺与福柯都认真研读过他的作品。福柯在重新编辑《逻辑语法》(*La grammaire logique*)时，写了一篇序言"关于第七天使的七言" («Sept propos sur le septième ange»)，收录于《言与文》，详见前一条注释。

起？那些实践不仅构成了一种独特的主体性，也构成了多种跨主体化。于是我们可以看到，原先是追问某些"文学个例"对既定秩序的逃避，现在转变为更广泛地研究政治抵抗方式：就此意义而言，战场的低沉轰鸣绝非一种**文学**比喻。

最后，第三个原因在于对"域外"意象的放弃，这一点得到福柯的直接承认（域外是一种神话），以及对历史内部——权力关系内部、同时被发出与被承受的词语内部、被粉碎的意象内部、无论如何人们不断再生产的意象内部——可能存在的差异这一主题的重新投入。于是问题增多了：在某一种知识的和历史的形态内部，在某一既定时刻由某种话语和实践结构展开的"真实网络"内部，总而言之，在一种既定历史的世界语法内部，我们如何能做到挖掘和颠倒发音、改变字行、移动标点、挖空意义、重塑平衡？这一问题当然是理论性的，但也直接是政治性的：在让我们成为我们之所是（也就是说，以我们思考的方式来思考、以我们说话的方式来说话、以我们行动的方式来行动）的这一历史内部，我们能否摆脱这些限定，以一种矛盾的方式安排出一种言语和生活方式的**别样**（然而总是在内部）空间？然而，正是从文学研究中产生的这一问题，将不断萦绕在福柯心头：可能的超越与决定我们之所是的历史限定,不应处于对抗状态,而应在共可能性的模式上进行思考——从此,我们跟巴塔耶珍视的僭越或布朗肖的**"域外"**相去甚远了。

本书中收录的福柯言论是从这一角度来选择的:它们出现在这套丛书里绝非偶然,均为口头演说,时间跨度少于十年——1963年至1971年,但每一篇都跟写作和语言保持着一种特殊关系。前两篇是1963年1月法国电台播放的两期节目,它们被完整收录进来。福柯在节目中选用了很多文学片段:莎士比亚、塞万提斯、狄德罗、萨德、阿尔托 (Antonin Artaud)、雷里斯 (Michel Leiris)……

第二份资料由1964年12月在布鲁塞尔连续两场关于"文学和语言"的讲座构成。第三份资料是1970年在美国纽约州立大学布法罗分校演讲的未发表手稿,由两部分组成,主题为关于萨德侯爵的研究,他多次就这个主题发表演讲(至少三次),手稿均得到保留。将这三份资料收录在一起,并非对一种强行言说的无主题语言之讽刺,也并非对我们乐于呈现给读者的一种被迫言说的白色写作 (écriture blanche) 之讽刺;相反,这部分体现了回归书面的一种多形态焦虑,这种对话语的外部性、物质性和狡黠性之焦虑。福柯没有明确表态是其始作俑者，但在一段时期内他曾成为这种焦虑的扩音器。

菲利普·阿迪耶、让-弗朗索瓦·贝尔、马修·博特-博纳维尔以及朱

迪特·雷维尔

(Philippe Artières, Jean-François Bert, Mathieu Potte-Bonneville &

Judith Revel)

原编者按

这本书源自福柯的公开讲演，有些是电台节目录音，有些是课堂录音，我们参考了当时的记录稿，在编辑过程中，尽可能最大程度还原福柯话语。然而从口头到书面的转化难免会要求编辑做出一些改动。对照福柯在演说前准备的手稿，我们对记录稿里错误或不当之处进行了修改或补充。同样，为了给读者更好的阅读体验，我们也对标点与段落划分进行了整理，在这过程中始终严格尊重福柯的本意。无论在记录稿还是在福柯手稿中遇到不可辨识之处，编辑都做出了标识。

页脚的注释仅限于提及手稿不同于记录稿之处，尤其当手稿原文显得很重要或者当记录稿里有所缺失的时候。另外我们对某些可能不知名或不太知名的作者进行了生平著作的简短介绍。

语言与疯癫

编者前言

1963年,福柯在法国国家广电三台(RTF France III)《言语的用途》(*L'usage de la parole*)这个栏目围绕"疯癫的语言"(les langages de la folie)做了五期节目。制作人是戏剧影视人、演员和作家让·多特。这五期节目每周播出一期,题目分别为"节日中的疯癫"(1963年1月7日播出)、"疯子的沉默"(1963年1月14日)、"迫害"(1963年1月21日)、"身体与其复制品"(1963年1月28日)以及"癫狂的语言"[①](Le langage en folie, 1963年2月4日)。以下是福柯关于这个系列节目的

---

① 第一段中"疯癫的语言","疯癫"应作为名词去理解,"癫狂的语言","癫狂"应作为形容词去理解。——译注

介绍:

　　米歇尔·福柯,为了研究西方社会史,着重使用了疯癫这一试金石。每个社会、每种文化都会给疯癫分配一个确切的位置,都会事先给它准备好一个确定的结构。于是根据各种禁忌,所谓"理性的"人就与疯子划清了界限。

　　该系列节目主要包含四个部分。在第一部分,作者描述了疯癫对语言的入侵。他分析了病态语言的不同形式。为了达到这一目的,他使用了病人写作的文本,让演员来朗诵,同时也使用了医患之间的对话录音。

　　在第二部分,米歇尔·福柯展现了疯癫如何在语言中得到表现。为此他研究了莎士比亚和高乃依作品中的疯子人物[《梅里特或虚假信笺》(*Mélite, ou les fausses lettres*)里的伊拉斯特]。

　　在第三部分,他探讨了语言内部的非理性经验,突出表现了像纳瓦尔和雷蒙·鲁塞尔这些作家的文学经验与疯癫之间的某些联系,鲁塞尔由著名的精神病理学专家皮埃尔·让奈医治,让奈在一本著作中用马夏尔这一化名对鲁塞尔的病情进行了研究。[1]

米歇尔·福柯最后还探讨了人为激发的疯癫,再没有哪位作家能比亨利·米肖更好地揭示疯癫语言的这一面。

在此我们选择了第二期"疯子的沉默"与最后一期"癫狂的语言",这两期节目互为对照,并且文学在其中占据比较重要的地位,而另外三期节目仅涉及疯子的语言这一个问题。米歇尔·福柯让演员朗诵文学作品选段时,并未具体指出引用的是哪个版本,这使得我们在转录成书面的过程中容易造成错误。对外国文学作品而言,还存在翻译的问题,我们使用的是福柯做节目时选用的"七星文库"版本,引文中福柯本人省略的部分我们同样也做省略处理,用方括号标出。

---

[1] 皮埃尔·让奈(Pierre Janet)在《从焦虑到迷醉》(*De l'angoisse à l'extase*)一书中提到鲁塞尔,使用的化名是马夏尔。马夏尔是戏剧作品《罗古斯·索鲁斯》(*Locus Solus*)主角的名字,这部戏后来演变成鲁塞尔的著名小说。参见皮埃尔·让奈《从焦虑到迷醉:信仰和情感研究》,第一卷"宗教谵妄:信仰"(1926),第二卷"基础情感"(1928)。Pierre Janet, *De l'angoisse à l'extase. Etudes sur les croyances et les sentiments*, Paris, Alcan, vol.1: «Un délire religieux. La croyance», 1926, vol.2: «Les sentiments fondamentaux», 1928 (NdE).

疯子的沉默

法国国家广电三台推出《言语的用途》。今天是由福柯带来的"疯癫的语言"系列第二期，题目为"疯子的沉默"（Silence des fous）。

多特：米歇尔·福柯，您正在为《言语的用途》这一节目准备一个系列专题，主题为疯癫的语言对吧？这一系列的第一期是上周播放的，题为"疯癫与节日"，那第二期的题目是什么？

福柯：我想在第二期谈论的正好跟"节日"相反，是"节日"的另一面，可以称之为疯子的沉默。不过我觉得您应该有反对意见，正好想跟您讨论一下，毕竟，您是戏剧界人士，这个节目也是应您的要求做的。节日和戏剧对于疯癫有着不同作用，我感觉您并不十分赞同我的这一观点。我觉得戏剧处于节日和疯癫的对立面，为了得到一个漂亮表演，戏剧消解了疯癫的权力，控制了疯癫的力量和毁灭性的暴力。说到底，戏剧撕裂了参与者，我指的是节日的参与者，将他们分成两半——一边是演员，另一边是观众。节日面具是一种沟通交流的面具,而戏剧用另一种像纸板或石膏那样的东西取而代之,那种东西更轻巧,却起到遮盖和分离的作用。

多特: 关于这一点我要说,我的观点并不仅仅局限于我个人。跟很多人一样,包括阿兰*大师,我们觉得戏剧产生于群体自我表达的需要。在不断发展的过程中,群体的一部分人职业化了,变成剧作家、演员、布景师及其他从业者;而另一部分人被叫作观众。不过我跟阿兰一样,我一再引用阿兰是因为我觉得您很喜欢他,我觉得阿兰没有忘了戏剧本来就构成节日和仪式的一部分。在我看来,戏剧最美的时候是当它离开那些专门为它修建的场所而在外面上演的时候。想想一些节日,想想在某些景点、某些大教堂广场上的演出。说到底,我觉得在日神和酒神两种力量之间总能找到一种平衡。

福柯: 您觉得戏剧更倾向于酒神这边,而我则觉得更倾向于日神这边。

---

* 阿兰·居尼(Alain Cuny),法国导演、编剧、演员,代表作有《罗丹的情人》等。——编注

多特：实际上我觉得戏剧和所有艺术形式一样，而且比其他任何艺术形式都更加追求人的内在超越，人物在舞台上自我超越，观众从中看到了自己。

福柯：听着，要不我们来做个实验吧？我们一起来听《李尔王》里的一场戏，《李尔王》著名的一幕荒野疯狂戏。也许听完后我们可以进行判断，也可以让听众来裁决我们的辩论。

李尔：吹吧，风啊！胀破了你的脸颊，猛烈地吹吧！你，瀑布一样的倾盆大雨，尽管倒泻下来，浸没了我们的尖塔，淹沉了屋顶上的风标吧！你，思想一样迅速的硫黄的电火，劈碎橡树的巨雷的先驱，烧焦了我的白发的头颅吧！你，震撼一切的霹雳啊，把这生殖繁密的、饱满的地球击平了吧！打碎造物的模型，不要让一颗忘恩负义的人类的种子遗留在世上！

弄人：啊，老伯伯，在一间干燥的屋子里说几句好话，不比在这没有遮蔽的旷野里淋雨好得多吗？老伯伯，回到那所房子里去，向你的女儿们请求祝福吧；这样的夜无论对于聪明人或是傻瓜，都是不发一点慈悲的。

李尔：尽管轰着吧！尽管吐你的火舌，尽管喷你的雨水吧！雨、风、雷、电，都不是我的女儿，我不责怪你们的无情；我不曾给你们国土，不曾称你们为我的孩子，你们没有顺从我的义务；所以，随你们的高兴，降下你们可怕的威力来吧，我站在这儿，只是你们的奴隶，一个可怜的、衰弱的、无力的、遭人贱视的老头子。可是我仍然要骂你们是卑劣的帮凶，因为你们滥用上天的威力，帮同两个万恶的女儿来跟我这个白发的老翁作对。啊！啊！这太卑劣了！

弄人：谁头上顶着个好头脑，就不愁没有屋顶来遮他的头。

脑袋还没找到屋子，

话儿倒先有安乐窝；

脑袋和他都生虱子，

就这么叫化娶老婆。

有人只爱他的脚尖，

不把心儿放在心上；

那鸡眼使他真可怜，

在床上翻身又叫嚷。

从来没有一个美女不是对着镜子做她的鬼脸。

（肯特上。）

李尔：不，我要忍受众人所不能忍受的痛苦；我要闭口无言。

肯特：谁在那边？

弄人：一个是陛下，一个是弄人；这两人一个聪明一个傻。

肯特：唉！陛下，你在这儿吗？喜爱黑夜的东西，不会喜爱这样的黑夜；狂怒的天色吓怕了黑暗中的漫游者，使它们躲在洞里不敢出来。自从有生以来，我从没有看见过这样的闪电，听见过这样可怕的雷声，这样惊人的风雨的咆哮；人类的精神是禁受不起这样的磨折和恐怖的。

李尔：伟大的神灵在我们头顶掀起这场可怕的骚动。让他们现在找到他们的敌人吧。战栗吧，你尚未被人发觉、逍遥法外的罪人！躲起来吧，你杀人的凶手，你用伪誓欺人的骗子，你道貌岸然的逆伦禽兽！魂飞魄散吧，你用正直的外表遮掩杀人阴谋的大奸巨恶！撕下你们包藏祸心的伪装，显露你们罪恶的原形；向这些可怕的天吏哀号乞命吧！我是个并没有犯多大的罪，却受了很大的冤屈的人。

肯特：唉！您头上没有一点遮盖的东西！陛下，这儿附近有一间茅屋，可以替您挡挡风雨。我刚才曾经到那所冷酷的屋子里——那比它墙上的石块更冷酷无情的屋子——探问您的行踪，可是他们关上了门不让我进去；现在您且暂时躲一躲雨，我还要回去，非要他们讲一点人情不可。

　　李尔：我的头脑开始昏乱起来了。来，我的孩子。你怎么啦，我的孩子？你冷吗？我自己也冷呢。我的朋友，这间茅屋在什么地方？一个人到了困穷无告的时候，微贱的东西竟也会变成无价之宝。来，带我到你那间茅屋里去。可怜的傻小子，我心里还留着一块地方为你悲伤哩。①

　　让·多特，在我看来，刚听到的这场戏证明我们两个都是有道理的，不要觉得奇怪，因为《李尔王》可能是极为罕见的个例，表现了一种有关疯癫的充分彻底的悲剧经验。在我们这样的文化中再也找不出第二个，因为说到底我们的文化总是小心翼翼地与疯癫拉开距离，远远地投去一瞥，虽然有时带着善意，但几乎总是戏剧性地看待疯癫。

　　不过在塞万提斯的语言中您就已经可以观察到这一细

---

① 莎士比亚《李尔王》，第三幕，第二场。此处采用的是人民文学出版社朱生豪译本。——译注

微的断裂。

堂吉诃德的悲剧并不在于人物的疯癫本身，也不在于他语言的深层力量。堂吉诃德的悲剧在于这小小的空白地带，这有时几乎无法察觉的距离当中。正是因为这段距离，读者、小说中其他人物、桑丘以及堂吉诃德自身才意识到疯癫。

这闪烁的光芒，苍白而令人不安，为堂吉诃德照亮了疯癫，同时又很快熄灭，这与李尔王遭受的痛苦大不相同。李尔王深知他正在坠入疯癫的深渊，除非死亡，否则这一坠落不会终止。堂吉诃德正好相反，他总是能转身，总是差一点就要转身直面自己的疯癫。

好了，他意识到了自己的疯癫，然后又不行了，对此浑然不觉，然后又迎来直面疯癫的时刻。然而，在他疯癫的悲剧法则作用之下，这一转身直面，对自身疯癫突如其来的清醒意识，如同一场高烧刚刚退去，导向的是死亡以及对死亡的直接确信。

> 他发烧不退，一连躺了六天；也许是打了败仗，气出来的病，也许是命该如此。他的朋友像神父呀，硕士呀，理发师呀，都常去看他；他的好侍从桑丘·潘沙经常守在他床头。[……]他们以为他打败了羞愤，而且没看见杜尔西内娅摆脱魔缠，心上愁闷，所以恹恹成病，学士叫

他抖擞精神起床，开始牧羊生涯，说自己已经作了一首牧歌，把撒纳沙罗的牧歌全压倒了；又说自己出钱问金达那的牧户买了两只看羊的好狗，一只叫巴尔西诺，一只叫布特隆。堂吉诃德听着还是郁郁不乐。[……]

堂吉诃德想睡一会儿，要求大家出去。他就睡了一大觉，有六个多小时之久，管家妈和外甥女怕他再也不醒了。他醒来大声说："感谢全能的上帝！给了我莫大的恩典！[……]他慈悲无量，世人的罪孽全都饶恕。我从前成天成夜读那些骑士小说，读得神魂颠倒；现在觉得心里豁然开朗，明白清楚了。现在知道那些书上都是胡说八道[……]外甥女啊，我自己觉得死就在眼前了；希望到时心地明白，人家不至于说我糊涂一辈子，死也是个疯子。"[……]

大家听了觉得诧异，面面相觑，虽然将信将疑，却不敢怠慢。他忽然头脑这样灵清，料想是临死回光返照。他还说了许多又高明又虔诚的话，条理非常清楚。大家不再疑惑，确信他已经不疯了。[……]

堂吉诃德领了种种圣典，痛骂了骑士小说，终于长辞人世了。公证人恰在场，据他说，骑士小说里，从没见过哪个游侠骑士像堂吉诃德这样安详虔诚、卧床而死

的。堂吉诃德就在亲友悲悼声中解脱了，就是说，咽气死了。[……]

奇情异想的拉·曼却绅士如此结束了一生。桑丘、外甥女和管家妈怎样哀悼堂吉诃德，他墓上有什么新的墓铭，这里都不提了；只说参孙·加尔拉斯果写了如下一首墓铭：

邈兮斯人，

勇毅绝伦，

不畏强暴，

不恤丧身，

谁谓痴愚，

震世立勋，

慷慨豪侠，

超凡绝尘，

一生惑幻，

临殁见真。①

这段墓志铭以及《堂吉诃德》的整个结尾部分说明一个

---

① 此处采用的是人民文学出版社杨绛译本。——译注

问题：疯癫与对疯癫的意识恰如同生与死。一方谋杀了另一方。智贤可以谈论疯癫，但谈论的方式就好像在谈论一具尸体。至于疯癫，它在对面一直保持沉默，作为一个纯粹的对象被置于戏谑的目光之下。在整个古典时期，疯子构成社会景观的一部分，这一美妙的社会景观充其量不过起到激发怀疑论者焦虑的作用：总之我自己也可能会疯掉，可我自己是不知道的，因为既然疯了，意识就不清醒了，而如果其他人也都是疯子的话，我就没有参照，不知道自己是疯还是不疯。

以上纯属自娱自乐，纯属精致或刁钻的智力练习。古典时期真正让我感兴趣的，是一个群体性事实，一个沉闷的历史事实，长期以来一直寂静无声。也许对历史学家的历史而言，这一事实并不太重要。但在我看来，它对于文化史研究人员具有重要意义。我接下来就要讲到。

1657年4月的一天，约六千人在巴黎被捕。在17世纪，六千人几乎占巴黎人口的百分之一。打个比方，好比在今天的巴黎，差不多有四万人被捕。这个数目很大，也许大家愿意了解详情。

这些人被带到收容所。为什么？因为这些人是失业者、乞丐、无用的人，是浪荡子、古怪的人，是同性恋、疯子、荒诞的人。未经过任何一项确切的司法手续，他们就这样被送进收容所。一次简单的警务活动、国王的一纸谕令，甚至——在我看来更严重——家庭成员的一个简单请求，就足以让所有这些人进收容所，并在那里度过余生。收容所里当然没有什么关怀设施，它更像一座大监狱，这些人在里面受到监控，且极有可能遭到终身监禁。

这一做法持续了将近一个半世纪，关于这一重大的驱逐习俗，我们几乎很少发问，如今也只能在阿森纳图书馆（la Bibliothèque de l'Arsenal）找到少量积尘的登记簿。我们能在这些记录中看到什么？一首由监禁理由编织而成的长篇史诗。

我认为这些逮捕令值得受到关注。是理性、国家的理性，说到底也就是警察和普通人的理性将这些逮捕令扣在其他人的疯癫之上。

这儿列举了1735年1月的一些监禁理由。

1735年1月3日，巴尔·卡特琳娜，公共妓女，给所在街区造成治安混乱。

1月6日，弗雷斯蒂·让-皮埃尔，经常发疯，之前曾因此被关押到鲁昂监狱。

1月10日，高迪·艾提纳，这是个残忍对待妻子，想方设法要谋杀妻子的浪荡子。

1月17日，马尔贝，一直被视为危险人物，丑闻缠身，无正当职业，蝇营狗苟。他最后跟一名叫作拉博姆的女子同居，并多次企图谋杀该女子的丈夫。

1月19日，达博谷尔，精神异常。

1月19日，弗朗索瓦·安托纳，在此人家中发现很多从其他商户窃来的物品。

1月24日，拉图·杜邦·约瑟夫，性情狂躁之人，曾以谋杀未遂罪被判处，此人完全是个疯子。

1月25日，季罗丹·米歇尔，暴徒，残忍对待妻子、砸毁家具、侮辱邻居、羞辱父母，还让一条大型犬咬伤了他们。

1月31日，拉波特·夏洛特，狂热的冉森派教徒。

1月31日，布索·玛丽-让娜，疯子，没有好转的希望。

1月31日，杜瓦尔，怪人。

1月31日，米内隆·安娜，布克先生的侍女，怀上了他的孩子。

1月31日，杜博·让-弗朗索瓦，一直恶劣对待使他破产的妻子，他让妻儿过着悲惨的生活，自己沾染各种恶习。

大家可以看到，当理性要对自己的对立面做出审判时，它是多么简洁、威严。这也正是它在古典时期之所为。但如果仔细倾听的话，我们能听到某种低沉的絮语，似乎即使在整个古典理性主义时期，疯癫也在努力重组自己的语言，重新找回古老的酒神信仰，它主要通过动作而非词语来祈求这一失去的经验，那些动作既表现重生之喜悦，又表现长期被剥夺话语之悲惨。

狄德罗也许是18世纪最专注的哲学家，他亲眼看到这一经验是怎样复活的，纯粹肢体的表达，夹杂着尖叫、各种声响、眼泪、笑声，如同一首无声的疯癫颂诗。这就是《拉摩的侄儿》里的舞蹈：

于是他又开始踱来踱去，哼唱起《疯人岛》《画家爱上了他的模特儿》《马掌师傅》《女讼师》的若干曲调，不时举起双手，抬眼望天，高声叫道："这美不美！天哪！这美不美！一个人头上长了耳朵，还能提出这样的问题吗？"他开始兴奋起来，低声吟唱。接着他越来越起劲，嗓门也提高了。手势、面部表情和身体动作也都相继而来。我说,好了,他已经昏头昏脑,又要出洋相了。果然,他扯着嗓门唱起来:"我是一个可怜虫……老爷,老爷,放我走吧……啊,大地,接受我的珍宝吧;保存好我的财富……我的灵魂,我的灵魂,我的生命! 啊,大地! ……亲爱的朋友在这里,亲爱的朋友在这里! ——莫前来,且等待……你要把泽尔比娜记心怀……与你相比,人人逊色……"他把意大利的、法国的,悲剧的、喜剧的,各种性质的三十首曲子堆在一起,混在一块。忽而是低音,一直低到地狱下面;忽而扯着嗓门喊叫,模仿假声,又高入云端。他模仿着歌曲中各种人物的步履、姿态和手势,愤怒、温和、高傲、讥刺的表情相继出现。忽而是一个痛哭流涕的少女,他将那少女娇揉造作的神态表现得淋漓尽致;忽而他又是教士、国王、暴君,威胁、发号施令、暴跳如雷;忽而他又扮成奴仆,唯命是从。他怒气平息,他懊恼,他抱怨,他大笑,可从来不走调,不错节拍,不违背歌词的意义和曲调的性质。所有推木头的人都离开了各自的棋盘,聚集在他的周围。咖啡馆的窗外也挤满了闻声停步的行人。哄堂大笑的声音几乎要把屋顶掀开。可是他却毫无觉察,在精神错乱和近于疯狂的激情控制下,继续表演下去。真不知道他是否还能恢复正常，是否需要把他扔进马车直接送到精神病院去。唱到若麦里《悲叹》中的一段时，他用令人难以置信的准确、真实和热情反复唱着每一节中最优美的地方。先知描述耶路撒冷的毁灭时，有一段整个乐队伴奏的优美的宣叙调。他演唱时热泪纵横，在场的每一个人都情不自禁地落下泪来。细腻的演唱、有力的表达、痛苦的表情，一应俱全。作曲家突出表现了其大师手法之处，他都着重表现出来。他有时离开歌唱部分，去充当乐器演奏部分；然后又突然离开演奏部分，回到歌唱部分。他就是这样将两部分有机地配合起来，以保持两部分的联系和整体的统一。在我从未感受过的最奇异的情景中，他抓住我们的武器，高高举起……我是否赞叹呢？对，我赞叹不已！我是否心怀怜悯呢？是的，我很怜悯他。但是在这些感情中混进了一丝觉得滑稽可笑的感觉，改变了上述情感的性质。

看见他模拟各种乐器的模样，你大概会忍俊不禁的。他双颊鼓起，鼓得老高，发出嘶哑的声音，表现号和巴松；他用响亮的鼻音来表现双簧管；他用令人难以置信的速度急速变换着噪音，寻找着最相近的声音来模仿弦乐；他用吹口哨来代替小笛；他像鸽子一样咕咕地叫，便是横笛。他又叫又唱，像个疯子一样折腾着；一个人扮演男、女舞蹈演员，男、女歌手，整个乐队，整个歌剧团；一个人分演二十个不同的角色，一会奔跑，一会停下，就像着了魔一样，双眼闪射着光芒，嘴上喷着唾沫星子。那天气温极高。汗水沿着他额上的皱纹，顺着双颊往下淌，与头发上扑的香粉混在一起倾注下来，在外衣的上端留下一道道污痕。[①]

这位拉摩的侄儿，这位奇怪的人物，在我看来，他在18世纪末勾勒出的影像跟另外一位人物形成了对称，而这位人物其实大不相同，他就是萨德。

在萨德身上，可能没有任何我们在拉摩侄儿身上发现的东西。萨德的言语无边无际、细致入微、永不枯竭，字字句句尽在掌握之中。拉摩的侄儿，四处遭人嫌弃，被人驱逐，为了一顿晚餐或一个印章东奔西走，他用肢体呼唤疯癫，他的哑剧表演与萨德的静止不动形成相反的对称。萨德被囚禁了40年，一直在言说纯粹疯癫之下的纯粹话语，他的疯癫不掺杂任何姿势、任何怪诞，那是一颗超常的心产生的纯粹疯癫。

---

① 这里采用的是人民文学出版社《狄德罗小说选》中《拉摩的侄儿》袁树仁译本。——译注

萨德的话语如此理性，如此长于推理，以至于让我们的理性哑口无言，或至少让我们的理性陷入尴尬，结结巴巴无法表达。

　　我们的理性再也找不到发号施令的热情。比如，这位叫作罗耶尔·柯拉的医生，他在这座刚改造完工的精神病院里任职，当他发现某位叫作萨德的人之后，这位可怜医生面临着怎样的苦恼，我们应该来听一听。

　　他当时很惊恐，无论如何都很忧虑，他立刻给警务部长福歇致函——科学家与公务员对话，也即理性仍然求助于理性。他在信中写道，萨德不应该被关在疯人院中，因为萨德不是疯子。或者说，萨德是疯子，但他的疯癫不像疯癫；又或者说，他的疯癫比疯癫还可怕，因为这是一种理性而明智的疯癫，这种明智反对一切理性，最终也就成了疯癫。最终，老实的罗耶尔·柯拉感到自己置身无底深渊，难以逃脱，也许我们至今都未能走出其中。

　　部长阁下：

　　　能求助于阁下，我倍感荣幸。事关我的职守，也关系到我所在这家精神病院的良好秩序。在沙朗通有这样一位人士，其伤风败俗的程度已人尽皆知。他给这家精神病院带来了极其严重的不良影响。我要说的是《朱斯蒂娜》(Justine)这部下流小说的作者。他不是疯子。他的妄想主题只有罪恶。我们这样一个治疗精神病的地方并不能压制他的妄想。对他这种病患应采取最严格的隔离措施，这样既能让其他人免受他狂热的影响，也能将那些可能激发或维持他丑陋激情的事物与他分离。可是沙朗通精神病院这两个条件都不能满足。萨德先生在我们这里享有过多的自由。[……]

我只能提醒阁下，一座监狱或坚固的城堡比一家治病机构更适合他，并且关押他的地方应配备最严密的监控与最精巧的道德防备措施。

罗耶尔·柯拉给福歇的这封信，你们也许会说写得平淡无奇，无太大意义。我倒不这样认为。这封信充满各种各样的矛盾，我认为它揭示了我们文化中曾经很有分量的某种东西。那就是一种尴尬，自19世纪以来就未曾离开过我们的尴尬，在疯癫与疯癫语言面前的尴尬。

这封信说到底发现了这样一个事实：曾经围起来的、归好类的、关在疯人院里的疯癫，现在，我们找不到一个准确位置来分配给它。我们不知道它来自何方，去向何处。它没有故土，居无定所；它没有信仰，目无法纪。

当然我们会幻想，有这么一座美妙的堡垒，可以一劳永逸地永远关住它。这正是罗耶尔·柯拉医生所期望的。但其实我们很清楚，不存在绝对的心灵安宁，不存在这样一座坚固的堡垒能让疯癫永远陷于沉默之中。

从萨德不知疲倦的语言（langage）开始，在我们的言语（paroles）中就形成了一块空洞，从中源源不断地产生一种意想不到的语言。这也许不再是我们在16世纪观察和倾听到的酒神信徒的语言，这一语言更加艰涩、黯哑、低沉。它来自一种虚无，一个空白的世界，它谈论这虚无，谈论这空白的世界。就萨德而言，这是一种从未平息的欲望空洞。我认为在像阿尔托这样的人身上，有着一种中心空白，在这基础空白当中，词语缺失，思想自杀未遂，它啃噬自身存在，自我崩溃。正是在这种无法言说、无法思考、无法找到词语的空白当中，疯癫在我们的文化中找回了自己的语言主权。

然而这一过程历经曲折。疯癫可以言说，不过条件是它只能将自己作为言说对象。也就是说，它自身没有限制，它会讲"我"，但仅限于更深的理解层次，仅在一种分成两半的第一人称里它才呈现自我。我觉得阿尔托与李维尔的通信是个重大事件。李维尔收到阿尔托想要发表在《新法兰西杂志》

上的诗，认为这些诗无法发表，阿尔托回复称，他要竭尽全力让这些诗被人听到。为此，他吐露自己的诗歌产生于思想崩溃当中。李维尔原先不理解这些诗，现在他理解了关于这些诗的解释，阿尔托解释了他写诗的不可能之处。最终这份解释成为资料，成为纯粹的诗，成为第二语言，也许甚至是第一语言，阿尔托与李维尔通信这部不同寻常的作品就是这样产生的。

1923年6月5日

先生：

冒昧打扰。午后跟您相谈甚欢，现在我想就其中一些问题再谈一谈。这些诗能否被接受，不仅您关心，我也很关心。

我说的接受当然指的是绝对接受，指的是它们的文学存在。我深受一种可怕精神疾病的折磨。我会完全丧失理智，不能思考，也无法将思想诉诸文字。词语、句子的形式、思维的内在指引、头脑的简单反应，我坚持不懈地寻找自己的精神存在。只要**我能抓住一个形式**，哪怕很不完美，我也会锁定它，生怕自己完全丧失思维。我对自己无能为力，我知道，并为此而痛苦；但我接受，我害怕自己不能完全死亡。

这些我讲得不好，怕是会让您对我产生可怕的误解。因此，出于对让我写下这些诗句的主要情感的尊重，以及对我能发现的强烈意象或措辞的尊重，无论如何我想让这些诗得以面世。这些措辞，这些您所责备的拙笨的表达方式，我感觉到了也接受了它们。您要知道：我对它们未曾有过质疑。它们来自我思想中深刻的不确定。这种不确定并未被我有时深受其苦的绝对不存在代替，此可谓幸事。

我还是担心产生误解。我想让您明白，我所谈论的并非这种或多或少的存在，跟我们通常称之为"灵感"的东西相关，不，我谈论的是一种完全的不存在，一种真实的消逝。

这也正是为什么我跟您说我没有任何悬而未决的作品，我给您看的东西是我从彻底的虚无当中捕获来的碎末。[……]

我仅仅想知道，我是否拥有用诗句或散文继续思考的权利。

安东尼·阿尔托

1924 年 5 月 24 日

　　亲爱的先生：

　　我突然产生一个念头，我试着不去多想，但最终这个念头还是吸引了我。您也好好考虑一下。希望您会喜欢这个主意。不过我还没有最终想好。我们为什么不发表您给我写的信呢？我刚才又读了您 1 月 29 日的来信，真的非常出色。略作改动即可，我的意思是把写信人和收信人换成虚构的人名。也许我可以把给您的回信重新加工一下，补充一些内容，让行文不那么私人化；也许也可以加一段您的诗，或加上您关于乌切洛的文章。最后做成一本书信体小说，篇幅不长，会很特别。

　　请将您的看法告诉我。向您致以诚挚的问候。

　　　　　　　　　　　　　　　　　　　雅克·李维尔

1924 年 5 月 25 日

　　亲爱的先生：

　　为何要撒谎？为何要在文学当中放入生活本身的呐喊？这用灵魂不可根除的实质写出的文字，如同现实痛苦的呻吟，为何要将虚构的外衣披于其上？必须承认，我喜欢您的这个主意，喜欢得心花怒放，喜欢得无以复加，可前提是不能让读者以为他在读一篇人为捏造的故事。

我们有撒谎的权利，但不能对事情的本质撒谎。我并非坚持要在信件末尾署上自己的名字，但必须要让读者认为他捧在手里的小说是真实发生过的。我的信从头至尾每一封都要发表出来，包括1923年6月最早的那一封。要让读者看到我们争论的全部。

安东尼·阿尔托

历经这最后一个波折，我们的文化终于伸出一只耳朵来倾听这一永无倦意的语言，这一语言给我们的语言造成了困扰。我认为，正是因为有了疯癫为在语言中反对语言，为获取自身语言而进行的地下工作，我们才得以用一种新鲜的、原始的听觉来倾听下面这首诗，这首诗是鲁斯伯里[①]有一天在圣·阿尔班的精神病院里从一个病人那里听到的。

---

① 马里奥·鲁斯伯里（Mario Ruspoli, 1925—1986）：导演、纪录片制作人、摄影师和作家，原籍意大利，主要在法国工作，1962年推出《疯癫一瞥》（*Un Regard sur la folie*），这部电影以他对圣·阿尔班（Saint-Alban）精神病院的多次拜访为素材拍摄而成。

对照

雪在海上

白墙,陆地螃蟹

画面

扑克牌

有色沙壶

床单

花毯上活着几代人

好吧,大自然在创造

——听着,请大家听我说,因为大家说我是疯子。他们之所以这么说,是因为我声称大自然在创造。《萨莫色雷斯岛的胜利女神像》,因为它人们才说我是疯子。它把蓝天劈开了。看着它,我很难相信它诞生于人类之手。并不是说人类无法创造杰作,而是——我也不知道哪里来的这份确信——这座雕像里有某种超越人类作品的东西。从它里面飞出来一根线条、一缕光线,又飞回去照亮了它。它不是被创造出来的,是它在创造,就是这样。它超越一切。没人会说塞尚用无可比拟的目光观察过的圣·维多利亚山是他的作品，但是《萨莫色雷斯岛的胜利女神像》只可能从诸神手里产生。一种神学的蓝色，勾勒出法兰西岛和博斯的轮廓。刚才，天空露出微弱的蓝色，中世纪细密画的蓝色，贝利公爵细密画上的蓝色，一种神学的蓝色。在哪里？造物主之手在哪里？

诗篇在此结束。

....

法国国家广电三台正给您播出"疯癫的语言"，今天播出第二期"疯子的沉默"，嘉宾米歇尔·福柯。参与录播的有罗杰·布林、热内·克莱蒙、阿兰·居尼和克劳德·马丁。录音师皮埃尔·西蒙，录音助理玛丽-安德烈·阿米诺，导演让·多特。这里是《言语的用途》。

癫狂的语言

"疯癫的语言"（Le langage de la folie）是米歇尔·福柯的第三个系列节目。今天播出的是"癫狂的语言"（Le langage en folie）。导演让·多特。

我认为有一种每个人多少都有些熟悉的简单观念，即我们都倾向于认为：疯子在说话之前就已经是个疯子，任由谵妄晦涩的词语从疯癫深处，从这本来沉默的疯癫深处升起，如一群盲蝇盘旋在他四周。

我做这几期节目当然不是为了展现——仅仅想让大家听到和了解到——疯癫和语言之间的亲缘关系并不简单；也并不仅仅是亲缘关系，更确切地说，语言和疯癫的关系错综复杂，难解难分，彻底划分清楚是不可能的。

我感觉，于我们而言，言说的可能、成为疯子的可能从根本上来说是当代性的，同时也会给我们带来最危险，但可能也是最美妙或最坚定的自由。

归根结底，即使世界上所有人都是理性的，我们总还有可能穿越现有的符号世界、词语世界和语言世界，扰乱现有世界最熟悉的意义，仅仅用几个相互碰撞迸发出奇妙力量的词语，便将一个异常世界呈现出来。

一切言说者都在使用，至少在秘密地使用成为疯子的绝对自由。相反，所有的疯子虽然看上去对人类语言而言，已变成完全的异乡人，然而我认为他们仍被囚禁在语言的闭塞空间里。

你们会跟我说，也许疯癫和语言从根本上而言并无紧密关联，大家可能会提很多反对意见。可能会说，我上周谈到的那些人，安静地看着自己混乱意识里的静默图像，在自己的身体里就像在一个鱼缸里那样尽情舒展。人们也可能反驳我说，我在两周前谈到的那些受迫害幻想症患者，感到被未知的目光监视，感到被追捕，可是在被迫害的妄想当中，在他们能用语言表达这种感觉之前，他们就已经有这种感觉了。

对此，我觉得可以给出一种答复，那就是疯癫即使当其静默之时，也是，也总是绕不开语言的。也许疯癫就只不过是一种话语的奇怪句法。

例如，现在我们知道受迫害幻想症患者听到的一些声音是他自己发出来的。他确实觉得这些声音来自外部，而实际上，只要在他喉部安置一台记录仪就可以证明这些声音是他自己发出来的。一方面是他听到的威胁，另一方面是他回答时的辱骂和抱怨，这两方面其实都只不过是同一种语言结构的演变阶段,或者说是同一种语言结构下的句子。

我们现在也知道,身体本身就如同一个语言结(nœud de langage)。弗洛伊德这位深入的听众十分清楚我们的身体比精神更为深刻。身体创造妙语,它是一位精于比喻的大师,它利用我们语言的一切资源、一切富足与一切贫乏。我们知道一位昏厥的癔病患者,站着的时候突然倒下,那是因为自从有一天别人**让他倒下**之后,在他的存在深处,他觉得自己受到必定要倒下的诅咒。但他是用身体来表达的。

如果说我们难以跟疯子交流,也许并非因为他们不说话,而正是因为他们说得太多,他们用一种超载的语言,穿行在热带雨林般丰沛的符号中,那里湮没了世界的万千小径。

然而会出现一个问题:为什么这一疯癫的语言,突然在当下具有了如此的重要性?为什么今天我们的文化,对所有这些不协调的、荒诞的,也许具有更加沉重意义的词语产生如此强烈的兴趣?

我觉得也许可以这样回答:归根结底,我们如今已经不再相信政治自由,也不再相信梦想;成为去异化者(homme désaliéné)的梦想,现在已经沦为笑柄。所有那些幻想,如今还剩下什么?一些词语的灰烬。我们这些当代人,我们的可能性,我们不再把它托付给事物、人、历史、制度,我们把它托付给符号。

简言之,19世纪的人们说话和写作是为了最终能在现实世界中获取自由,能拥有沉默的自由。20世纪的人们写作——我说的当然是文学言语——是为了体验和测量一种自由的程度,这种自由只存在于词语当中,并在词语中达到了癫狂。

在一个上帝已死的世界,在一个我们知道无论这方那方、左派右派做出何种承诺,我们都不会得到幸福的世界,语言是我们的唯一指望、唯一源泉。在我们的记忆空白处,在我们的每个话语中,在闪过我们头脑的每个话语中,语言向我们揭示的,是成为疯子的庄重自由。也许正因为如此,疯癫的经验在我们的文明中才变得尤其尖锐,从某种意义上而言,它构成我们文学森林的边界。

如果说前几期节目我们顺水行舟,那么今晚我想逆流而上。不再从疯癫出发,将疯癫视为通往文学的语言;相反,我们来谈一谈这已经处于疯癫边缘的文学语言。

我知道现在精神病院文学、精神病人文学已经取得有些风光的影响力。我要说的是其他东西,是这种让语言围绕自身旋转的奇怪的文学经验,在我们熟悉的话语背后,这种文学经验发现了一个惊人法则。这一法则可以这样来表述:语言并不是用来诠释事物的,相反,是事物被装在,被裹在语言当中，如同一个安静地藏在大海波涛声中的宝藏。

　　词语、词语之间任性的相逢、它们的混乱、它们所有原生质的演变，仅凭这些就足以产生一个既真实又梦幻的世界，这一世界比我们的童年还要古老，米歇尔·雷里斯在《删除》(《Biffures》)中就很好地捕捉到这摇曳的草地(herbes mouvants)[①]。

　　　有人跟我说在比杨古(Billancourt)发生了火灾，我一开始没听明白。"比杨古"，这个词穿过天窗，越过风向仪和庭院，如同一股烟从厂房中升起，如同电车在轨道上嘎吱作响，三个音节互相碰撞着发出悲音，好像乞丐摇晃着木碗，让刚讨来的几个子儿在碗底互相碰撞，想要引起聋子们的同情。"在比杨古"(à Billancourt)，在听到这几个音节时，它们的发音让我很着迷，我将它们改成了这三个发音相似的单词：habillé en cour(宫廷装扮)。

　　　这不是——对此我很肯定——宫廷装扮。无论路

---

① 米歇尔·雷里斯《游戏规则》第一卷《删除》，伽利玛出版社，1991年。Michel Leiris, *La règle du jeu*, t.1: «Biffures», Paris, Gallimard (coll. «L'imaginaire»), 1991 (1948), Editions Gallilard.

易十四还是马达加斯加的哈纳瓦罗皇后，都跟"比杨古"这个单词相关的一切相距甚远。宫廷装扮，就应该跟赴宴盛装毫不相干，不是那种要在宫内镜厅或在露天游廊卖弄风情的装扮，露天，觅风而不得，水池里立着黑色雕像，身披花里胡哨的外衣。宫廷装扮，就是要穿得自在，方便奔跑，这样，当人们在叫喊"着火啦！""救命啊！"的时候，就能以最快速度赶赴现场。像体操教练般的消防员，他们的红黑色腰带，毫无疑问应该是宫廷装扮最主要的细节。

想到这红黑色腰带，我就又想到，普洛斯佩中士有没有束紧他的暗蓝色长袍，夹着胳膊跑去比杨古。他的职责、持证救生员的职责在召唤他，要不然作为马达加斯加坚强的幸存者，重新入伍中士的职责在召唤他。但我不是太确信。布瓦德茹、伊思乐穆力诺和比杨古都是些特别的地方，而能让消防车和消防员忙成一团的事情都那么偏离世界常规！

也许那仅仅是门房先生？他一身宫廷装扮而不是收账人装扮，突然奔跑起来。也许是另外一位亲戚而不是普洛斯佩叔叔？又或者是到我们公寓来做客的某个人？到我们的公寓来，要先穿过门厅和院子，再爬三层楼就到了。也许是门房夫妻的大儿子——年轻的波瓦松？有一天他从有轨电车下来的时候摔倒了，晚上回家的时候眼睛红肿还渗着血。也许仅仅是消防员？当然，我最终知道仅仅是他们，我沉醉于迷雾当中，而迷雾已经消散，我承认没有人需要宫廷装扮，毕竟别人说的仅仅是"比杨古"。

火灾发生于——我们后来才知道——利伯兰工厂。在当时，巴黎很多地铁站都贴有一张色彩艳丽的巨幅海报。画面上是三个穿着白色罩衫戴着草帽的粉刷工，几乎有真人般大小。三个人鱼贯而行，手里都拿着利伯兰牌涂料，微微弯着腰用刷子写字，第一位在墙上写，后面两位在前面一个人的背上写，写出溢美之词，赞颂利伯兰牌涂料的优良品质。

我接下来一直想着利伯兰工厂里堆满的涂料起火的样子，我一边想着，一边站在钢铁般的高台上，望着近布瓦德茹方向扎格扎克牌卷烟纸明亮的招牌。

布瓦德茹、"paranroizeuses"[①]、比杨古：障碍、界限或边缘，镂空铁窗或拱门与房子的锯齿形雕刻。透过这

---

① 雷里斯生造出来的单词，像谜语一样诱发他的想象力。——译注

一栅栏，我依稀瞥见某种东西在既非黑夜又非白日的背景上闪烁，发出变幻莫测的光芒。

米歇尔·雷里斯的这些经验，从某种意义上而言是全新的经验，然而我们也可以说它们属于一个历史悠久的王朝。这一王朝从文艺复兴时期就生生不息地延续下来了。关于它那些深藏不露的君主，我觉得我们可以谈一谈语言神秘派，也就是那些相信语言绝对、原始和创造性权威的人，这些人相信语言的权威存在于它最物质的一面：词语、音节、字母，以及发音本身。

正是在言语的肉身上，这些奇怪的哲学家、这些离经叛道的诗人看到了一切意义跳动的心脏，看到了一切可言之物既自然又神圣的寄托。对他们而言，字母、语音、词语如同高大威严的牧羊人，一开始便受训良好，守卫着它们身边一切未来言语组成的羊群。18世纪产生了很多单纯而有诗意的字母表。

比如这一首[①]：

_____

① Pierre Antoine Augustin de Piis, *L'harmonie imitative de la langue française*, Impr. Ph.-D. Pierres. 这首诗每一节围绕一个字母来写，比如字母 B 一节，几乎全部使用以 B 开头的单词，造成强烈的叠音效果。翻译中因为汉法两种语言的差异，无法将发音表现出来，只采取了意译，而这首诗的意义和乐趣正在于发音，故整首诗没有完全译出。——译注

九霄云外亚当开始说话

最先发出的似为字母A

不久之后弱小孩结结巴巴

笨嘴笨舌吐出来字母B

他先用它学会说早安晚安

再骗来一个个吻、一块块糖［……］

C用软音符跟S竞争

没有软音符，它可代替Q，在我们的词汇中攒动

所有中空的物体名称都以它开头

酒窖、酒桶、房间、大炮

篮子、心脏、箱子、矿场［……］

D迟迟才决定自己的发音

为此舌头需要顶着牙龈

它已在发言中使用自己的权利

挺直脊背，写下百转千回

接着轮到E来努力，由气息推向前

每当我们呼吸,它毫不费力地挣脱

通过我们被幸运对待的本地语

它经常在同一个词中被重复

但它几乎不溜进完整的音节

它是哑口辅音隐秘的代言人

如果哪一个辅音敢独自漫游

在 E 前后我们都能听到响声［……］

盛怒的 F 在颤抖、敲打、摩擦、撞击［……］

是它给予了铁以力量,它又挖又劈

它孕育了火,火焰和烟,

它在雾凇中繁育,在寒冷中形成

它用一块人们摩挲的布料提供效应,

以及弹弓与鞭子的颤抖

G 更为快乐,看着 R 沿着自己的足迹追上来

恩宠总是为它聚集

仅需一声即可孕育出 G

有时它在行动中的喉咙里呻吟

有时它会挡住 I 的身影

它身处其位进行比武,它饶舌,玩弄,发誓

但是它的总体音调管理各处

为了表明品位倒也没那么局促［……］

我其实觉得最重要的语言神秘主义者不属于18世纪,他离我们要近得多。他是生活在19世纪末的一位忠厚的法语语法教授,名字叫作让-皮埃尔·布里赛[①]。他被视为不折不扣的疯子,曾受到安德烈·布勒东的认可。

他通过四部作品发展了一种非凡的词源学妄念,从远古时期的蛙鸣到当代语言最混乱、最令人不安、从某种意义而言也最自然的回声,几乎无所不包。他像摇晃一个固定的木铃那样摇晃词语,在四面八方进行重复,拔除它们既可笑又关键的泛音,通过一种夸张的膨胀,他让词语创造出一些寓言,这些寓言将人与神的整个历史囊括其中,似乎创世以来世界就只不过是一场巨型的文字游戏、玻璃珠游戏,遵从最荒诞不经却又最不可冒犯的游戏规则。[②]

---

① 关于让-皮埃尔·布里赛（Jean-Pierre Brisset）,参见福柯:"关于第七天使的七言",《言与文》,前文已引。

② Jean-Pierre Brisset, *La science de Dieu, ou la création de l'homme*, dans *Oeuvres complètes*, préf. et éd. Par Marc Décimo, Dijon, Les Presses du Réel (coll. «L'Ecart absolu»), 2001.

语言之间的比较让上帝的知识之光明亮了十倍，它如正午太阳一般在每种语言里熠熠生辉。

言语（parole），你是什么？ ——我是Pi，是力量（puissance）；我是ar，我后退（arrière），我是ole，我前行。我是四面八方的永恒运动。我是恒星、球体和星体在广阔天地既后退又前行的形象。我是栖身球体的人类之后与人类之母，宇宙通过我来了解宇宙。

七年来，我们在言语的奇迹面前心醉神迷。当青蛙只做青蛙的时候，它的语言无法得到迅速发展，然而一旦性征开始彰显，无法抗拒的奇怪感觉就会让这动物叫唤着寻求帮助，寻求援助，因为它无法自我满足，也无法缓和吞噬它的火焰。原因在于青蛙胳膊不长，脖子陷在双肩之中。脖子随着性征的到来之后开始发展，性征的到来标志着出生。于是，当脖子形成的时候，我们说，它出生了，脖子生出来了。做一个幸运儿多么幸福，因为长脖子时造成的痛苦我们直到现在都未能摆脱。

"mor"这个音节的先前性既然已经确立，我们发现它确实适合分析道德教化（moraliser）以及引向死亡（mort）。病态的（morbide），死亡的颜色。碎片

（morceaux），一个死亡或毁坏整体的局部。被分割的
（morcelé），分享死亡或毁坏之物。厌烦（Morfondre），
像死人一样离开。置诱饵（amorcer），颁布死亡律令。

言语，请跟我们讲一讲未来，什么是永恒
（l'éternité）？永恒是离开的存在（l'être），是死亡，是宁
静，是经历过的一切。是永恒与阴沉的悔恨。什么是永
恒？永恒，是不存在的存在。永恒的存在性不比父亲的
父性更多。不过至高的存在，是我们身上的神，是在其
领地讲话与自由舒展的神。

如此多的作家（écrivains）

如此多徒劳的写作（écrits-vains）

我们知道语言内部的这些奇观在当代文学中已经取
得重要地位。我认为这些奇观产生于一种悖论：从某种
意义上而言，所有的词语都是绝对任意的。不存在任何本
质的必然性使得我们将太阳称为太阳，将地上的新芽称为
青草，然而，语言在我们身上、心里、记忆深处产生回响，如
同某种极为古老、与世间万物紧密相连、与万物奥秘相邻
相亲之物，似乎只要听一听，我们就能发现对诗歌的一切
敬畏。

由此，我认为产生了萦绕当代文学的两大神话。这两个相互补充的神话是这样的：

第一个神话否认既定契约。约定俗成的词语被其他词语代替，不过还是能产生意义，并且意思跟使用传统词语时同样清晰显著。

这是一门信用语言的讽刺性梦想。比如达迪约（Tardieu）的这篇文本。我们能完全理解他想象出的这段对话吗？他没有用到传统词语，然而，我们很明显地看到沙龙对话最平常的那些套话。①

夫人：亲爱的，亲爱的毛绒！自从多少洞，多少卵石以来我都没有面包店小工来给你加糖了！

佩勒米奴兹夫人（矫揉造作地）：啊！亲爱的！我自己非常、非常张结！我最小的三只圆面包得了柠檬水，一个接着一个。在整个海盗船开始的时候，我就只是在安顿磨坊，跑去浮沉子或脚凳，我花了整整几芽来照看它们的碳化物，来给它们钳子和季风。总之，没有一发

---

① Jean Tardieu, La Comédie du langage, «Un mot pour un autre» [1951], dans *Œuvres*, éd. par Jean-Yves Debreuille, Alix Thurolla-Tardieu et Delphine Hautois, préf. par Gérard Macé, Paris, Gallimard (coll. «Quarto»), 2003, Gallimard.

阵是属于我自己的。

　　夫人：可怜见！我倒是什么也没有瘙痒！

　　佩勒米奴兹夫人：那样最好！我被大煮了。在您燃烧了那么多树脂之后，该好好给自己抹点果酱了。推进一把：从蛤蟆的湿软到一半的奶油蛋糕，无论在"防水"还是在米格莱树林的羊驼下我们都没有见到过您！您一定是被人含在嘴里了！

　　夫人（叹息的）：确实！……唉！一片铅白！不经过攀登不能在里面浸湿自己。

　　佩勒米奴兹夫人（心腹状的）：还是一直没有杏仁糖吗？

　　夫人：没有。

　　佩勒米奴兹夫人：甚至连一粒羊毛都没有？

　　夫人：一粒都没有！自从他划破我的那阵波浪以来，他就从来不敢挥影我。

　　佩勒米奴兹夫人：这鼾打的！要给他刮点火星下来！

　　夫人：这正是我所做的。几个怨之内，我给他刮下来四五个，也许是六个：他从来没有再返。

　　佩勒米奴兹夫人：可怜的亲爱的小茶！……（梦呓

的、诱惑的）如果我是您的话，我就换一个灯笼！

　　夫人：不行！很清楚您不料将他！他对我有极大的方巾。我是他的苍蝇、他的手套、他的野鸭；他是我的藤皮，我的汽笛。要是没有了他，我就既不能卡住也不能尖叫；我永远都不会围住他！（变换语调）。我晃了，您要不要浮点东西？来一泡祖鲁，两指莲？

　　佩勒米奴兹夫人（接受的）：谢谢，阳光热烈。

　　夫人（一再按铃，无人应答，站起来叫道）：伊荷玛！伊荷玛！……哦，这头母鹿！短粗得简直像根木头！……不好意思我要去一下内庭，盖上这个傻瓜！我一昏儿就柜来。

　　与这一滑稽可笑的神话相对的，是另一种严肃的神话，在这种严肃的神话当中，语言仍然停留在自身词语的内部。因为它在词语的洞穴中能找到极大的创作空间。似乎语言只需要自我重复，挖掘自己的泥土，开辟一条条地下交流通道即可，这些地道难以预料却十分必要。然后一切约定俗成的痕迹都消失殆尽，显现出来的是诗与自然的深刻真理。

　　雷里斯在《植物零碎》里用文字游戏建立起来的字母词

汇表难道不是明显地带有诗意吗？①

玉的格言：

学会将赌注押给纯粹的外表

观念，敕令。建造，神化。

亡灵之食从陵墓坠下。

壁炉是个存在物，椅子是一种事物。

鲜血是对时间的感知。醉即是梦和内脏的黑麦草。

什么也不要否认。猜测未来。

考虑时间，考虑鼹鼠、考虑你的残疾，木偶人！

［……］

灵魂，

友好的痛苦

纯净泡沫的池塘

烦人的丝绸手套

［……］

---

① 米歇尔·雷里斯《植物零碎》，1956年由巴黎Jean Aubier出版社出版，后收
录于作者《无记忆词语》(伽利玛出版社，1969年出版，1998年再版) 这本书中。
Michel Leiris, *Bagatelles végétals*, Paris, Jean Aubier, 1956, repris dans Michel Leiris,
Mots sans mémoires（1969），Paris, Gallimard (coll. «L'Imaginaire»), 1998, Editions
Gallimard. 通篇文字游戏，或前后单词字母顺序调换，或把一个单词拆分成几个单
词，或前后单词拼写发音极为相似，由此产生有趣的意义碰撞。——译注

起风后,准备起飞向日出

苦涩的武器。四等分的动脉火炮,

猩红色的。

[……]

翅膀舒适的避风港。大蒜信风。

[……]

国王珍贵的华盖上,晨曦镀金。

四月伸出卷须。疯狂的叶片,欢快的天空。

自由,明亮……

植物零碎? 音节的杆状菌,滑稽的分支。

[……]

尸体:乱七八糟的绣花底布与框架,污垢的骨架,行

列与软骨的巫术

湍流的半人马,天使在新河里游泳

木铃的圆圈,胡蜂的欢乐剑。

[……]

空洞的心,冷淡的霜。

穹顶之下饱涨交配

[……]

诗:叛乱的问题,青草与翅膀(羽毛笔与肌肤的翅

膀,包裹在飞行中）

在场的,有穿透力的,愿爱情来耕种你!

[……]

酒红色的血管,毒液横流的大道:威尼斯?

来吧,尊敬的性爱巢穴,来到我们的毒结高处

[……]

眩晕,梦想的住所? 吸血鬼,朦胧的遗迹,肥腻步态
的外表……

沉醉于虚无的生命。经历过,发酵过,洞穴喧闹
中的。

[……]

华丽的拱门,活动的枝杈,低处的枝条:景观的新
纹理。

大家看到,雷里斯或达迪约对语言给予了极为耐心的
关注,再没有什么比这关注更为清晰透彻的了。所有人的
梦、癔症患者的瘫痪、强迫症患者的习惯、精神分裂症患者
迷失于其中的语言迷宫,所有这一切永无止境地表现或隐
藏的语言游戏,所有这一切的结构也许跟我们刚才看到的
文学经验的结构,并没有太大差异。这并不意味着一切疯

癫语言都必然拥有一种文学意义，也并不意味着今天的文学受到疯癫的迷惑或萦绕，如同它在过去受到叛乱、激情或爱情的迷惑那样。我认为这一切意味着一件重要的事，那就是我们这个时代发现了——几乎是同时发现了——文学从根本上而言只不过是一种语言事实，而疯癫是一种意义现象。因此，文学和疯癫都是在摆弄**一些**符号，摆弄**那些**玩弄我们的符号。

在今天，文学和疯癫拥有一条共同的地平线，一种交叉线，符号的交叉线。

这一分界，很像那些地平线：我们摆脱不了却又永远无法抵达。疯癫和文学也许如同环绕我们四周的天空与陆地，它们用一种开阔的空间连接彼此，我们在这空间里不断前行，在这空间里言说，直到别人在我们嘴里填了一小撮土的那天才能终止。

我认为这正是或几乎正是阿尔托在一段文字里想要表达的，这段文字闪电般照亮了我们永远迷失于其中的道路[①]：

是的，这是语言从此以后唯一的用途。一种疯癫的

---

① 安东尼·阿尔托在1924年1月29日致雅克·李维尔那封信的附言。

方式、消除思想的方式、决裂的方式，非理性的迷宫。

这里是法国国家广电三台，刚才给您播出的是米歇尔·福柯"疯癫的语言"，今天是这个系列节目的第五期也是最后一期："癫狂的语言"。参与录播的人员还有玛格丽特·卡桑、卡洛琳娜·克莱克、罗杰·布雷特、热内·法拉贝、克劳德·马丁。录音师萨米娅·维斯基，录音助理玛丽-安德烈·阿米诺，导演让·多特。这里是《言语的用途》。

文学与语言

布鲁塞尔，1964 年 12 月

原编者注

1964年12月，米歇尔·福柯在布鲁塞尔圣路易大学举办了一次名为"文学与语言"的讲座，讲座分成两场。借助于对语言、作品、文学之间被他识破的"三角关系"的分析，福柯再次梳理了20世纪60年代初在他写作中有关文学的那些主题。在讲座的第一场，整体基调明显受到乔治·巴塔耶与莫里斯·布朗肖的双重影响，福柯认为文学的现代经验生成于18世纪末到19世纪初这段历史时期，在他的描述下，这一现代经验如同语言围绕自身进行的振动，而作品既是语言的结晶，同时也是对语言的僭越。福柯提及的人物在他那十年的研究中经常出现，比如萨德、塞万提斯、乔伊斯，还有其他一些他不常提及的人物，比如普鲁斯特、夏多布里昂、拉辛或高乃依。讲座的第二场以俄国语言学家罗曼·雅各布森的研究成果为基础，着重探索一种"结构秘传"（ésotérisme structural）之线索，也许正是这一"结构秘传"对语言进行了编码。这一面临自我重组风险的规范化行为，既是对某一既定时间地点（在这里，福柯已经是个考古学家，有自己独特的考古风格）语言秩序的杰出历史学和语言学研究行为，同时也是在现有语言学限定的边界，面临无序（或另一种秩序）风险的行为，正是在一种无序（或另一种秩序）当中，萌发了文学的现代经验。

第一场

你们知道，"何为文学？"这个从今往后众所周知的问题，跟文学实践本身联系在了一起，仿佛这个问题不是由一个第三者在事后对某个处于他身外的奇特对象提出的，而是恰好根源于文学**内部**，仿佛"何为文学"这个问题的提出，与写作这一行为本身合为一体。

"何为文学？"这完全不是批评家、历史学家或社会学家对某种语言事实提出的问题。它几乎就像文学里一个敞开的洞穴，问题就栖身在这个洞穴里并取得自身存在。

不过，有这样一个悖论，或者说一个困难。我刚才说文学存在于"何为文学"这个问题当中，但无论如何这个问题是新近才出现的，几乎不比我们更古老。总之，"何为文学"这个问题，粗略说来，是从马拉美的作品开始才作为一个问题被提出并流传至今。而文学没有年龄，不比人类语言有更明确的编年史或公民身份。

然而我并不能肯定文学像我们通常所说的那样古老。当然有某种东西已经存在几千年了，我们在追溯历史的时候，习惯上称之为"文学"。

我认为恰恰需要对此加以质疑。我们并不能肯定，但丁、塞万提斯或欧里庇得斯，就一定属于文学。他们当然属于文学，确切说来他们如今属于我们的文学，他们之所以属于文学，是出于某种只涉及我们的关系。他们属于我们的文学，却不属于他们自己的文学，原因很简单，希腊文学不存在，拉丁文学也不存在。换言之，如果说欧里庇得斯的作品跟我们语言的关系是文学的，跟希腊语的关系则一定不是。为了澄清这一点，我要对三样东西做出明确区分。

首先存在着语言。你们知道，语言是一切被说出之物的绵绵低语（murmure），同时也是一种透明的体系，借助于这一体系，我们说话时能被理解。简言之，语言既是历史上积累的一切言语的事实，又是语言的自身体系。

因此一方面存在着语言，另一方面存在着作品。语言内部有这样一种奇怪的东西，在它身上，语言的形状定型了，静止不动，形成一个独属于它的空间，在这个空间里涌出绵绵低语，让符号与词语从透明走向稠厚，最终矗立起一种不透明的，很可能是谜一般的容积（volume），正是它构成了一部作品。

再说到第三项，既非作品又非语言，这第三项是文学。

文学既不是一切语言作品的一般形式，又不是语言作品置身其中的普遍场所。它可以说是第三项，一个三角形的顶点，语言跟作品的关系以及作品跟语言的关系都要经由这顶端来实现。

我认为这种关系已经由"文学"一词的古典含义所揭示：在17世纪，"文学"仅仅指某人对语言作品可能的熟悉程度，他在日常语言的层面恢复一部固有自在（en soi et pour soi）作品的频率和习惯。古典时期构成文学的关系只是记忆、熟悉度和知识的问题，是接受的问题。

然而从某个时期开始，语言与作品的关系，经由文学实现的关系，不再是一种事关知识与记忆的、纯粹消极的关系，而成为一种积极、实际的关系，成为——在形成时的作品与语言自身，或是在转化中的语言与即将生成的作品之间①——一种隐秘而深刻的关系。文学成为如此构成的三角关系中积极的第三项，发生的时间显然是19世纪初或18世纪末，当时，在夏多布里昂、斯塔尔夫人和德·拉·阿尔普②附近，18世纪偏离了我们，将某种我们如今已见不到的东西席卷而去，然而如果我们想要思考何为文学的话，也许仍然要思考这种

---

① 福柯讲座的记录稿在此处不可辨识，我们参考了福柯手稿。
② 德·拉·阿尔普（Jean-François de La Harpe, 1739—1803），原籍瑞士的法国作家，戏剧家与批评家，学问渊博，强烈反对教权主义。

东西。

我们习惯上认为，批评意识、关于何为文学的反思性焦虑很晚才出现，可以说是随着作品的稀缺与枯竭而产生的；在那时，出于纯粹历史的原因，文学除了自身，再也找不到其他对象。其实在我看来，文学与自身的关系，也即关于何为文学的问题，从一开始就是它先天三角形结构的一部分。文学并不意味着将语言转化成作品，也不意味着作品由语言制造而成，文学是不同于语言也不同于作品的第三点，这第三点外在于作品和语言之间的连线，勾画出一个空白的区间，在这本质的空白中诞生了"何为文学"这一问题，这本质的空白就是这一问题自身。因此，该问题不是叠加于文学之上的，不是出于一种额外的批评意识叠加于文学之上的，该问题就是文学的存在本身，这一存在于起初就遭到肢解和粉碎。

说实话我没有跟你们讲作品、文学或语言的打算。不幸的是，我的语言既非作品又非文学，而我想将我的语言放置在这距离、这间隔、这三角形、这原初的分散中，在这当中作品、文学和语言互相映照。我的意思是，它们彼此照亮，让彼此昏眩，也许正是出于这一缘由，它们存在的某一方面会偷偷抵达我们。我这么说，也许会让你们感到有些吃惊和失望。

但是我希望你们能对我所说的加以关注，因为自从19世纪语言的空洞存在以来，这一空洞就在不断挖空文学，我希望你们能领会这一点。我希望你们至少能认识到，有必要摆脱一个既定观念、一种文学关于自身的认识，这一观念就是：文学是一种语言，是词语形成的篇章，虽然只是一般的词语，但这些词语经过如此充分的挑选和安排之后，能让某种难以言喻的东西（un ineffable）贯穿其中。

在我看来似乎正好相反，文学完全不是由一种难以言喻的东西，而是由一种非难以言喻的东西（un non-ineffable）构成的，这种东西我们可以根据其严格的和本源的意义，称之为"寓言"（fable）。因此，文学是由寓言，是由某种需要被说出也可以被说出的东西构成的；然而说出这一寓言的语言是缺席，是谋杀，是切割，是幻影。正因为如此，我才觉得一种关于文学的话语是可能的，这种话语不同于几百年来我们听得耳朵生茧的那些暗示，那些关于沉默、秘密、不可言说之物的暗示，关于心灵变奏的暗示，最终是关于所有那些个性魅力的暗示。直到最近，个性魅力还是批评掩饰其不可靠性的庇护所。

第一个看法在于，文学不是一个原始的语言事实，这一事实逐渐为一种关于语言本质及其存在权的微妙次要的问题所渗透。文学就其自身而言，是语言内部挖掘的一段距离，这段距离不断被贯穿，但从未真正被超越。文学最终是一种围绕自身摆动的语言，一种原地的振动。摆动也好，振动也罢，这些词都不充分也不准确，因为会让人以为存在着两个端点；让人以为文学多少既属于文学，又属于语言；让人以为在文学和语言之间似乎有一种犹豫。实际上，语言跟文学的关系完全处于作品绝对静止不动的厚度当中，同时通过这一关系，作品和文学彼此回避。

因为在某种意义上而言，作品何时才是文学呢？作品的悖论正在于，作品只有在它开始的时候才是文学［从第一句，从空白纸张开始。也许只有在这一时刻在这一表面，在给词语勾勒出圣化空间（espace de consécration）的预先仪式中，作品才真正是文学。］[1]，因此，一旦白纸开始被填满，一旦词语开始誊写到这仍未被染指的表面上，在这一刻，可以说每个词都绝对是令文学失望的，因为没有任何一个词按其自然权利本质上是属于文学的。事实上，一旦一个词语写于白纸上，这张纸应该是文学的纸张，但是自从这一刻起，它就已经不再属于文学，也就是说每个真实的词语几乎都是一种违背，是对文学纯粹、空白和神圣本质的违背，非但完全没有让作品成为文

---

[1] 讲座记录稿此处不可辨识，我们参考了福柯的手稿。

学的圆满成就，反而让它成为文学的断裂、崩塌与破坏。一切既无地位又无文学声誉的词语是一种破坏，一切平乏或日常的词语是一种破坏，但一切词语一经写下同样也都是一种破坏。

"在很长一段时期里，我都是早早就躺下了。"这是《追忆似水年华》开篇第一句。在某种意义上而言，这是文学的一个入口，但显然这句话中没有哪个词属于文学。这是文学的一个入口，并不是因为这句话开启了一种携带文学符号、徽章和标记的语言场景，而仅仅是因为这是一句简短的语言在一张白纸上的涌现，这一语言既没有符号，也不携带武器，它就在某种我们永远无法看清之物的门槛上突然涌现。这些词语引领我们来到一种永恒缺席的门槛处，这种永恒的缺席将会是文学。

文学的另一特征是，自从它存在，自从19世纪以来，自从它给西方文化提供了这个我们加以追问的奇怪形象以来，它就产生了一大特征，即它总是赋予自己一种任务，这一任务正是谋杀文学自身。从19世纪开始，先后出现的作品之间不再是质疑与可逆的关系，不再是新旧之间明争暗斗的关系，这种关系曾是古典文学进行自我审问的聚焦点。从19世纪开始出现的承接关系，可以说是一种更加早先的关系：既是对文学的终结，又是对文学原初的谋杀。波德莱尔不归属于浪漫派，马拉美不归属于波德莱尔，超现实主义不归属于马拉美，这些承接关系不同于拉辛与高乃依或博马舍与马里沃之间的关系。

事实上，19世纪文学领域出现的历史性是一种相当特殊的历史性，完全不能与那种保证直到18世纪文学之断续的历史性相比。19世纪文学的历史性并不体现在对其他作品的拒斥、疏离或接受上，而是必然体现在对文学自身的拒斥上，要考虑对文学的拒斥，就需要考虑复杂交织的对文学的各种否定。每一个全新的文学行动，无论是来自波德莱尔、马拉美还是超现实主义者，无论是谁的，我认为至少都会暗含四种否定、四种拒斥、四个谋杀企图：第一，拒斥其他人的文学；第二，否认其他人拥有从事文学的权利，质疑其他人的作品属于文学；第三，自我否定，自我怀疑是否拥有从事文学的权利；最后，也是第四点，在对文学语言的使用当中，除了对文学进行系统、完善的谋杀之外，拒不从事或言说它物。

因此我认为可以说自从19世纪以来，一切文学行动都表现为一种对文学这纯粹和无法穿透之本质的僭越，并且它自身也意识到这一点。然而从另外的意义上而言，每一个词语，一旦在我们进行反思的这张著名白纸上写出来，都在进行暗示。它在暗示某样东西，因为它不是一个普通词语，不是一个寻常词语。它所暗示的那样东西是文学。每个词语，一旦在作品的这张白纸上写成，就成为一种闪光信号，指向某种我们称为文学的东西。因为说实话，在一部语言的作品里，没有什么与日常话语相似。没有什么来自真正的语言，不信你们可以试着在随便一部作品里找找，看能否找到哪怕一小段可说是真正取自日常语言的实际。

我知道这种事有时确实会发生，我知道有些人提取真实对话，有时甚至使用录音机录下来的对话，比如布多尔（Butor）最近的做法，他在描述圣马可教堂时用到了磁带录音，录下了人们参观教堂时的对话和意见，有些是关于教堂本身的，还有些则关于周边出售的冰淇淋的质量。

但是，如此提取和引入文学作品中的真实语言，一旦存在，只不过就像立体主义画作上粘贴的纸张。一张纸，粘贴于一幅立体主义画作上，并不是为了表现"真实"，相反，可以说是为了穿破画的空间。同样，真实语言如果被引入文学作品中，也是为了穿破语言空间，为了给语言空间提供一个纵向的维度，这个维度事实上并不天然属于它。因而作品只有当所有的词语每时每刻都朝向文学、被文学点亮的时候才存在，作品的存在只是因为文学同时遭到驱逐和亵渎，而文学却在支撑着从第一个开始的每个词语。

因此我们可以说，总体而言，作品如同一种涌现，它消失和消解于文学重复性的绵绵低语中；没有哪部作品不会变成文学的片段、碎片，其存在只是因为在文学周围、前后，存在着某种类似于文学连续性的东西。

在我看来，亵渎以及每个词对文学发出的永恒更新的信号，这两个方面似乎能勾勒出文学的两种典型的范式形象，两种互相陌生却能彼此从属的形象。

一种是僭越的形象，僭越的言语的形象；反之，另一种形象是指向和暗示文学的所有词语的形象；因此一方面是僭越的言语，另一方面是我称之为书库的反复（le ressassement de la bibliothèque）。一种是禁止的形象，是极限语言的形象，是被禁闭作家的形象；反之，另一种是书籍的空间，书籍累积着，一本本叠放，每本书只有垛口状的存在，于一切可能之书的天空中勾勒出空间轮廓并无尽地重复。

显然萨德在18世纪末第一个发出了僭越的言语；甚至可以说，他的作品是一个点，在这个点上聚集了所有僭越的言语同时又使之成为可能。毫无疑问，萨德的作品是文学的历史门槛。从某种意义上而言，你们知道萨德的作品是个巨大的仿制品。萨德没有哪句话不完全指向某种在他之前就已经被18世纪的哲学家们，被卢梭讲过的东西，萨德讲述的片段和那些不堪的场景中，事实上没有哪个不是对一部18世纪小说场景的完全亵渎和滑稽的模仿。只需循着人物的名称即可准确找到萨德想要亵渎模仿的对象。

也就是说，萨德的作品试图消除一切在他之前出现的哲学、文学和语言，试图用一种言语的僭越消除一切文学，这种僭越亵渎了纸页，让纸页重新变成空白。至于萨德那些著名情色场景中无所顾忌的命名，那些精心尝试一切可能性的运动，这并非其他，而是一部还原为单一僭越言语的作品，一部可以说抹除一切既有写作言语的作品。他以此来腾空场地，为现代文学的出现提供空间。我认为萨德就是文学的范式。

萨德的这一形象，也即僭越言语的形象，能在保持永恒的书本形象中找到对应，能在书库中，也就是说在文学的水平存在中找到对应，找到其对立面，这种水平存在可以说并不简单，并不单一，但我觉得它的孪生范式会是夏多布里昂。

毫无疑问，萨德与夏多布里昂的当代性并不是文学的一个偶然。从一开始，夏多布里昂的作品从第一行开始就想成为一本书，想要将自身保持在文学持续的绵绵低语中，想要立即投身于这种积尘的永恒，这绝对书库的永恒之中。他的作品试图立即加入到文学的坚固存在中去，从而让在他之前所言所写的一切都退回到一种史前当中。以至于短短几年后，我相信，可以说，夏多布里昂与萨德构成了当代文学的两个门槛。《阿塔拉，或两个野蛮人在荒漠里的爱情》(*Atala, ou les amours de deux sauvages dans le désert*) 和《新朱斯蒂娜，或贞洁的厄运》(*La Nouvelle Justine, ou les Malheurs de la vertu*) 几乎在同一时间出现。当然，比较或对比这两本书并不难，但是我们要试图理解的，是它们的隶属机制，是一种褶皱：在18世纪末和19世纪初，从这一褶皱中，从此类作品和此类存在中，诞生了文学的现代经验。我觉得这种经验与僭越和死亡不可分割，这种僭越让萨德穷尽其生，并且如你们所知，还让他付出了自由的代价；至于死亡，你们也知道，夏多布里昂从开始写作的那一刻起就被死亡念头萦绕，对他来说，他写出的言语显然只有在他生命之外、存在之外飘荡的时候，只有当他在某种意义上已经死去的时候，才是有意义的。

我认为这一僭越和在死亡之外的这一通道代表了当代文学的两大类别。可以说在文学中，在19世纪以来存在的这一语言形式当中，只有两个真实的主体，两个在文学中言说的主体，言说僭越的是俄狄浦斯，言说死亡的是俄耳甫斯。被谈论的只有两个形象，两个同时似乎被轻声、间接谈论的对象，其中一个形象是被亵渎的伊俄卡斯忒，另一个形象是失去又被找回的欧律狄克。在我看来，这两个类别——僭越和死亡，或者说禁止和书库这两个类别，分配了某种被称为"文学专有空间"的事物。总而言之，正是从这个地方，某种类似于文学的东西朝向我们而来。重要的是要意识到，文学，文学作品，并不来自一种先于语言的空白，而恰恰来自书库的反复，来自词语已然致命的不纯洁性，正是从这一时刻起，语言才真正地同时向我们和文学发出了信号。

作品向文学发出信号，这意味着什么？这意味着作品在召唤文学，给文学提供担保，它强加给自己一些标志来向自己和他人证明它属于文学。通过这些真实的标记，每个词语、每个句子都在表明它们属于文学，这正是自罗兰·巴特以来晚近的评论家们称之为写作的东西。

这一写作可以说让一切作品都如同具体模型那样，成为文学的一个微小代表。它持有文学的本质，同时又给出文学真实可视的图像，从这个意义上讲，一切作品不仅言说它所言说的、它所讲述的、它的故事、它的寓言，而且它还言说何谓文学。只是它不会分别去言说，此时言说内容，彼时言说修辞，而是统一去言说。这种统一性明显表现于以下事实：修辞学在18世纪末消失了。

修辞学消失了，这意味着从这一消失开始，文学必须亲自定义什么样的符号和方式才能表现出它恰是文学。可以说自从修辞学消失之后，文学存在的任务就不是先讲述某个东西，然后加上明显的可视符号——修辞学符号——来表示这属于文学，它必须拥有一种单一却又双重的语言，因为，在言说一个故事，讲述某个东西的同时，它必须每时每刻展露何为文学，何为文学语言；毕竟从前是由修辞学来告诉我们美丽的语言应是什么样的，而修辞学早已消失。

因此可以说文学是一种既单一又服从双重法则的语言。文学中发生了曾经在陀思妥耶夫斯基[①]的《双重人格》(*le double*) 里发生的情况，距离已经在雾霭与黑夜里产生，街头巷尾到处游荡着漫步者被复制的另一个形象，迎面相逢的那一刻，漫步者在惊慌中认出了自己的复像 (le double)。

作品和文学之间也有着类似的关系。作品不断与文学相逢，文学是在作品前面漫游的这种复像，作品从来认不出它，然而却不断遇到它，缺少的恰是陀思妥耶夫斯基小说里出现的惊慌时刻。

---

① 陀思妥耶夫斯基在小说《双重人格》中挖掘了这一福柯极为重视的主题，以至于福柯在一期广播节目中引用了这部小说很长的一个片段。该节目名为《身体与其多重性》(*Le corps et ses doubles*)，于1963年1月28日在让·多特《言语的用途》这一系列节目中播出。

在文学中，真实的作品与文学本身之间从来没有绝对的相逢。作品从来遇不到最终给定的它的复像。从某种程度上而言，作品是一种距离，是语言和文学之间的距离，是一种双重空间，是我们可称之为拟象（le simulacre）的镜面空间。

在我看来，如果我们去追问什么是文学，什么是文学本身的存在，只能得出一个答案，那就是没有文学的存在；有的仅仅是一个拟像，这一拟像就是文学存在的全部。我觉得普鲁斯特的作品能很好地向我们揭示，文学为何以及如何是一种拟像。《追忆似水年华》，我们知道，这并不是从普鲁斯特的生活开始，逐渐过渡到普鲁斯特作品的记述，而是从普鲁斯特的生活——他真实的生活、他的上流社会生活等——被悬置、停顿、闭合的时候开始的。只有当生活蜷缩起来，作品才能建立与开拓自己的空间。

但是普鲁斯特的生活，这一真实的生活，从来没在作品里被讲述。另一方面，为了这一作品，他悬停了自己的生活，并决定打断自己的上流社会生活，这一作品却从未被给出，因为普鲁斯特讲述的恰是他将如何抵达这一作品，抵达这一应该从书的最后一行开始的作品，而实际上，这一作品从来没有以真身出现。

在《追寻逝去的时间》（*A la recherche du temps perdu*，即

《追忆似水年华》）中，"逝去"（perdu）一词至少含有三重含义。首先，这意味着生活的时间此时好像是闭合、遥远、无法挽回和已然失去的；其次，这也意味着作品恰恰没有足够的时间去被完成，因为当实际写成的篇章结束的时候，作品还没有出现，作品的时间未能实现自身，它本应该讲述作品如何被生成，可以说作品的时间提前被浪费了：不仅被生活浪费，也被普鲁斯特关于他将如何写出一部作品的记述浪费。最后，这居无定所的时间，这既无日期也无年代的时间，浮动漂移，如同迷失在窒息的日常语言和最终被点亮的光彩夺目的作品语言之间。这正是我们在普鲁斯特作品中看到的时间，碎片化的、游离的、没有真实年代的时间，这一时间已经逝去，即使能够找回，也是碎片化的，如同金子的碎块。因而普鲁斯特的作品自身从未在文学中被给出，他的实际作品只不过是一份创作作品、从事文学的计划，可实际作品不断被拦在文学门槛前。当讲述文学到来的实际语言将要沉默，为了作品能够最终以不可避免的至尊言语的形式呈现，在这一时刻，实际作品完成了，时间终结了，以至于我们可以说，从第四点意义上而言，在找回时间的那一刻，我们就已经失去了时间。

你们看到，在一部如同普鲁斯特那样的作品里，我们不能说有一个时刻确实是作品，我们也不能说有一个时刻确实是文学。事实上，普鲁斯特的所有实际语言，我们现在读到的所有这些语言，我们称之为他的作品的这些语言，我们认为是文学的这些语言，实际上，如果我们去深究它是什么，不是为了我们自己，而是为了它本身，我们会意识到这既非作品亦非文学，而是一种过渡空间，如同我们能在镜子里看到却永远触摸不到的虚拟空间，正是这一拟像空间给了普鲁斯特作品真正的深度。

就此而言，必须承认，普鲁斯特的计划、他在创作时完成的文学行动，事实上没有任何可确定的存在，永远不能被摆放在语言或文学的某个点上。我们能发现的其实只是拟像，文学的拟像。普鲁斯特作品中时间的重要性显而易见，这仅仅是因为普鲁斯特式的时间，一方面是弥散与凋零，另一方面是幸福时刻的回归与统一，普鲁斯特的时间只不过是对作品与文学之间本质距离的一种投射，一种内在的、主题性的、戏剧性的、被讲述和被引述的投射，我认为正是二者之间的本质距离构成了文学语言的深刻存在。

所以，如果我们需要描述什么是文学，我们会发现僭越与禁止这一否定形象，其象征是萨德；我们会发现一个反复的形象，一个手持十字架墓中人的形象，一个只曾在"墓边"写作之人的形象，说到底，我们会发现一个死亡的形象，其象征是夏多布里昂；接着我们会发现一个拟像。这如此多的形象，我不敢说都是否定的，但它们毫无确定之处，从中呈现的文学存在，在我看来实质上是消散和分裂的。

但是为了定义什么是文学，也许我们还缺乏某种本质的东西。无论如何有种我们还未提及的东西，对于了解什么是从19世纪开始出现的这种语言形式来说，它有着历史的重要性。确实，很显然，僭越不足以用来完整定义文学，因为在19世纪以前就有很多僭越文学。同样，很显然，拟像也不足以定义文学，因为在普鲁斯特之前就已经有某种类似于拟像的东西，看看塞万提斯，他写了一本小说的拟像，再看看狄德罗，读一读他的《宿命论者雅克》（*Jacques le Fataliste*）。在所有这些文本中，我们都能找到这一虚拟空间，其中既无文学亦无作品，却有着作品与文学之间的永恒交流。

"啊，如果我是小说家，"宿命论者雅克对他的主人说，"我的讲述会比对您说的现实要美得多；如果我要美化跟您说的这一切，届时您将看到那是多么美妙的文学，但我不能，我不从事文学，我必须一五一十讲给您听……"正是在这文学的拟像中，在对文学拒斥的拟像中，狄德罗写出了一本实质上是小说拟像的小说。拟像问题，比如在狄德罗和19世纪以来文学中出现的拟像问题，对于将我们引入我眼中的文学核心问题是十分重要的。在《宿命论者雅克》中，你们知道故事其实在几个层次展开。第一层次是狄德罗的叙述，关于旅行，关于宿命论者雅克和他主人之间六次对话的叙述。然后狄德罗的叙述被打断，可以说雅克代替狄德罗取得了话语权，开始讲述他的爱情故事。再然后，雅克的爱情叙述又被第三层叙述打断，比如我们能见到女招待们或船长等人讲述他们自己的故事。如此，在叙述的内部又有多重叙述，如同俄罗斯套娃般相互套叠着，正是这个构成了《宿命论者雅克》这一历险小说的仿作。

在我看来重要的、完全特别的，不仅是叙述的相互套叠，而且是狄德罗几乎每时每刻都让叙述往后跳跃，无论如何要强加给这些套叠的叙述一些倒退的形象，由这些形象引领着通往一种现实、中立语言的现实、原初语言的现实，这一语言很可能是日常语言，是狄德罗自己的语言，甚至是读者的语言。

这些倒退的形象可分为三类。首先是套叠叙述里的人物反应，他们时刻打断自己听到的叙述。其次，在被套叠的叙述里出现的人物。比如，女招待讲了个故事，故事的主人公我们看不见，仅仅是住在那儿的某个人，在叙述里是虚拟的，然后在狄德罗的叙述里,我们突然看到这个人真实出现了,而实际上,他只不过是在女招待所做叙述的内部一个被套叠的人物。最后,狄德罗时不时会转向读者,说:"我跟你们讲述的,你们会觉得不可思议,但事情就是这样发生的;当然,这个故事不符合文学规范,不符合中规中矩的叙述规则,但我不是人物的主人,我对他们无能为力,他们来到我面前,带着各自的过往、各自的经历、各自的谜团,我所做的只不过是按照事情发生的本来面目讲给你们听……"如此,从叙述最隐蔽最间接的内核直到一种与写作同时,甚至早于写作的现实,狄德罗所做的,在某种意义上而言,无非是让自己脱离他的文学。他要时刻表现出,这一切实际上都不是文学,有一种直接而原初的语言,唯一坚固的语言,而叙述本身为了享乐,就任意地建立在这种语言之上。

这一结构是狄德罗的典型结构,不过我们也能在塞万提斯,在16世纪至18世纪不计其数的叙述中发现它。对于文学而言,也即对于19世纪创立的这一语言形式而言,我刚才提到的类似《宿命论者雅克》里的那些策略,实际上只不过是一些玩笑。

例如,当乔伊斯决定写一本小说,一本可以说完全建立于《奥德赛》之上的小说来消遣时,他完全没有像狄德罗那样，套用一个历险小说模型；实际上，当乔伊斯重复尤利西斯的时候，他是为了在语言的自我重复这一褶皱里能出现某种东西，不同于狄德罗的日常语言，而类似于文学的诞生。也就是说乔伊斯想要在叙述内部，在他所使用的句子和词语内部，在关于一座普通城市中一个普通人的一天的无尽叙述内部，他想要让某种东西凹陷下去，这既是文学的缺席，又是文学的逼近，既是文学绝对在场的事实，之所以绝对在场，因为事关尤利西斯，同时文学又在远方，可以说在最接近遥远的地方。

也许从这里就产生了乔伊斯《尤利西斯》的本质形貌：一方面是环状形象，一天当中从早晨到夜晚的时间之环，然后是空间之环，跟随人物漫游城市。除了这些环状形象之外，还有一种垂直的虚拟关系，一种点对点的关系，《尤利西斯》每个片段跟《奥德赛》每次历险之间一一对应的关系。由于这种参照，乔伊斯的人物历险非但没有被双重化与叠加，反而被《奥德赛》人物这种缺席的在场挖空了。《奥德赛》的人物是文学的持有者，然而这一持有者绝对遥远，遥不可及。

将这一切都归纳一下，也许我们可以说在古典时期，语言的作品并非真正的文学。为什么我们不可以说狄德罗、塞万提斯属于文学？为什么我们不可以说拉辛、高乃依、欧里庇得斯属于文学？当然除非是为了我们，除非我们把这些作品或作者纳入我们的语言。为什么在那时，狄德罗与他自己语言之间的关系不是我刚才讲到的文学关系？也许可以这样说：在古典时期，无论如何在18世纪末，一切语言作品都依据一种沉默的原始语言而存在，作品担负着恢复这一语言的责任。这一沉默的语言如同原始绝对的根基，一切作品随之而来、突显其上并寄居其中。这一沉默的语言，这一在所有语言之前的语言，正是上帝之言，是真理，是模型，是古代，是圣经；圣经这个词是在其绝对的意义也就是普遍的意义上来使用的。有某种预先的书，是真理，是自然，是上帝之言，在某种意义上隐藏同时也揭示一切真理。

这一至尊和克制的语言，一方面使得一切其他语言，一切人类语言想要成为作品的时候，要做的仅仅是重译它、重写它、重复它、恢复它；然而在另一方面，这上帝的语言，或自然的语言，或真理的语言，是隐而不露的。它是一切揭示的基础，然而它自己是隐藏的，不能直接被誊写下来。这些演变，这些词语的扭曲，我们恰称为修辞学的这整个系统的必要性正在于此。总而言之，比喻、转喻、提喻等，这些不就是为了努力用晦涩和隐秘的人类词汇，通过开放与曲折的策略，重新发现这一沉默的语言吗？它是作品的意义，也是作品想要恢复和修复的对象。

换言之，在一种什么都说不出的喋喋不休的语言，和一种能说出一切却什么都不展露的绝对语言之间，需要有一种中介语言，将喋喋不休的语言重新引向自然和上帝的沉默语言，这正是文学语言。如果我们跟贝克莱（George Berkeley）和18世纪的哲学家一样，将自然或上帝的话语称为符号，可以这样简单地说：古典作品的特征在于通过格式、修辞格，将语言的稠密、浑浊和晦暗变成符号的透明与光亮。

对于西方世界，或西方世界的一部分而言，当这一几千年来不断被倾听、被感知、被猜想的语言停止言说的时候，文学才得以开始。从19世纪开始，人们不再倾听这最初的话语，取而代之被倾听的，是无尽的绵绵低语，是已经被说过的言语的集合；在这种情况下，作品不再表现为这些相当于沉默绝对语言符号的修辞格；作品从此只作为这样一种语言而言说，它重复已被言语之物，随着不断重复，它消除一切已被言说之物，同时又让一切已被言说之物最大限度地接近自己，从而重新捕捉文学的本质。

可以说，文学产生于某种可称为书本的东西代替了修辞空间的那天。奇怪的是，书很晚才成为文学存在中的一个重大事件。在它被实质地、技术地、物质地被创造出来之后，过了四个世纪它才取得文学地位；马拉美的书是第一本文学书，马拉美的书，这一从根本上就失败的计划，这一不可能不失败的计划，可以说是谷登堡成功影响文学的结果。马拉美的书，意图在重复的同时消灭其他一切书，在这本书的空白里，掠过文学最终流失的存在。古典作品想要誊写和表现的那本巨著，沉默而充满符号，马拉美的书对那本巨著做出回应，同时又用自身取而代之：它是对其消失的确认。

现在我们明白了为什么不仅在其声望中，也在其本质中，古典作品只是一种**再现**（re-présentation），因为它需要再现一种已经完成的语言，这正是为什么说到底经典作品的本质总是存在于戏剧中，无论是莎士比亚还是拉辛的戏剧中，因为我们所在的是一个再现的世界；与之相反的是，自从19世纪以来，严格说来文学的本质并不存在于戏剧之中，而恰恰存在于书中。

最终正是在这本书里，在这本谋杀其他一切书，同时自身又承担起从事文学这总让人失望的计划的书里，文学发现和建立起了自身的存在。如果说书存在于文学被发明之前，在数个世纪里作为一种极为密集的现实而存在，事实上它并不是文学的场所，而只不过是让文字通过的物质机会。最好的证明来自《宿命论者雅克》，这本书通过我们之前提到的向后跳跃，不断逃脱或试图逃脱冒险故事的巫术；堂吉诃德与塞万提斯同样也是如此。

但实际上，如果说文学在书中实现了自身存在，它并没有平和地迎接书的本质——实际上书没有本质，除了它包含的东西之外它没有本质，这正是为什么文学将总是书的拟像；文学表现得好像它就是书，装出自己是一系列书的样子。这也正是为什么文学只有通过对其他一切书的暴力侵犯才能实现自我；暴力侵犯甚至是针对书的可塑性的、滑稽的、女性化的本质进行的。文学是僭越，相对于书的女性气质，文学是语言的男性气概。可最终文学如果不是在书库的线性空间里和其他书一样，和其他书在一起的书，那它还能是什么呢？文学如果不是一种语言死后的脆弱存在，它还能是什么呢？这也正是为什么现在对文学而言，既然它的一切存在是在书里，它不可能不处于墓外。

因此，在书既敞开又封闭的唯一厚度里，在既空白又覆满符号的这些纸页里，在这既独一无二（因为每本书都是独一无二的）又跟一切相似的（因为所有的书都相似）书册里，聚集了某种类似于文学存在的东西。文学不应该被理解成人类语言、上帝话语、自然语言、心的语言或沉默的语言，文学应被视为一种僭越的语言，一种必死的、重复的、双重化的、书自身的语言。在文学中，只有一个主体，唯一的一个主体在言说，那就是书。你们应当记得，书正是那个塞万提斯很想焚烧的东西，那个狄德罗在《宿命论者雅克》中一再想要逃避的东西，那个囚禁了萨德也囚禁了我们的东西。

第二场

昨天，我对你们，或者说我想对你们发表一些关于文学的观点，关于文学这一否定和拟像的存在、以书来体现的存在。今晚，我想退后几步，试着稍微避开我自己曾发表的这些关于文学的观点。因为说到底，我们真的能够谈论文学吗？这真的是毋庸置疑、显而易见的吗？因为说到底，当我们谈论文学的时候，是什么构成我们的根基和视野？也许除了一种空白之外再无他物，这种空白环绕文学四周，使得一件可说是怪诞的、也许是独一无二的事成为可能，那就是文学是一种无尽的语言，一种可以让文学无尽地谈论自身的语言。

关于文学的语言对文学所进行的这种永恒重叠究竟是什么？这种本身既是文学同时又使得注解、评论和重叠具有无限可能的语言究竟是什么？这个问题的答案，我觉得并不清晰。这个问题自身就是不清晰的，而且似乎今日比以往任何时候都更不清晰。

这个问题今日之所以不清晰，而且比以往任何时候都更不清晰，原因有好几个。第一个原因是，我们称之为批评的领域近期发生了一种变化，即批评语言层从来没有像今日这样稠厚过。我们从来没有这样频繁地使用过这种被称为批评的第二语言，与之对应的是，绝对第一语言，这只以自身名义只谈论自身的语言，从来没有像今日这样相对稀薄过。

然而，批评行为的这种稠厚与增加，伴随着一种几乎相反的现象。我认为这一现象是：批评家（Homo Criticus）这一人物，大约19世纪在拉·阿尔普和圣伯夫之间被发明出来的这一人物，就在批评行为不断增长时，这一人物却正在消失。也就是说，批评行为在不断增长与弥散的同时，可以说散落并栖息在一些非专业批评的文本里，在一些小说、诗歌、反思、有时甚至在哲学作品里。如今，真正的批评行为要到夏尔的诗歌、布朗肖的文字片段、蓬热的文本里去寻找，相比较而言，在那些一看作者姓名就知道是专业批评行为的语言片段里，真正的批评行为反而没有那么多。可以说批评成为一般语言的一般功能，但并无组织，亦无固有之主体。

然而，还有第三种现象使得在当前理解何为文学批评尤为困难。如今，一种新现象出现了：我们发现语言之间产生了一种并不确切是批评的关系，总而言之这种关系不符合我们传统上关于批评的看法，传统上我们将批评视为一种评判的、等级化的制度，这一制度在创造性的语言、创造性的作者与仅作为消费者的公众之间充当媒介。如今，在所谓的第一语言、所谓的文学的语言和谈论文学、所谓的批评的第二语言之间，形成了一种相当不同的关系。如今，批评受到激励，要在自己和文学之间建立起两种新的关系形式。

在我看来，如今批评似乎想要在文学，在第一语言之间建立起一种客观的、推论的、每个点都具有合理性的、可论证的网络，在这种关系当中，首要与核心的并非批评的品位，一种多多少少秘密或明显的品位，在这种关系当中，本质的东西可说是一种方法，必然明确的一种方法，一种分析的方法，这种方法可以是精神分析学的、语言学的、主题学的、形式的等等。所以，我们可以说批评正在将它的基础问题置于实证或科学的范畴当中。

另一方面，批评正扮演一个全新的角色，跟从前完全不同，从前它扮演的是写作与文学之间的中介角色。这一角色始于圣伯夫的时代，直到今天也依然如此。总而言之，什么是所谓的批评？批评意味着进行一种享有特殊待遇的阅读，一种首要的、比其他阅读都更早的阅读，这种阅读能帮助我们这些处于第二区域的读者去理解作者必然有些晦涩、模糊或深奥的写作，我们这些读者需要通过批评才能理解自己读到的东西。换言之，批评是阅读享有特殊待遇的、绝对的和首要的形式。

然而，现在我觉得对于批评而言重要的是，批评正在偏向写作，这体现在两个方面。首先，因为批评对作品创作时的心理时刻越来越不感兴趣,转而对写作这回事,对作家写作的厚度本身,对拥有自身形式和轮廓的写作感兴趣。其次,同样也因为批评放弃成为一种更好的或更早的或装备更强的阅读;批评自身正成为一种写作行为。也许跟另一种写作相比,它只是一种次要写作,但终归也是一种写作,与其他写作一同构成一张由点和线交错而成的网络。一般写作的这些点和线互相交叉、重复、覆盖、错位,最终形成一个中性的整体,我们可以称之为批评与文学的整体,也即当下一般性写作游离的晦涩符号。

第二语言对文学这第一语言进行补充,在对第一语言进行绝对实证的、明确的、完全推论式的和可论证的论述的同时,它也试图成为像文学一样的写作行为,你们可以看到,如果我们试图去思考这第二语言究竟是什么,会面临怎样模糊的境况。该如何思考这一悖论呢?批评如何能够做到既是第二语言,同时又如同第一语言?这正是我试图要跟你们弄清楚的,想要弄清楚总体而言,批评究竟是什么。

你们知道,不久前,也许最多就十几年前,为了努力解释什么是批评,一位语言学家——雅各布森[1]——引入了一个他

---

① 雅各布森(Roman Jakobson, 1896—1982):俄国语言学家,索绪尔的读者,他通过创立结构主义的形式主义流派极大丰富了语言学。

从逻辑学家那里借鉴而来的概念——元语言（métalangage）。他提出以下观点：批评如同语法、文体学、普通语言学一样，是一种元语言。这当然是一个相当诱惑的概念，看上去，至少第一眼看上去完全具有合理性，因为元语言的概念能使我们面对两种可以对批评进行定义的本质特性。第一种特性，是用另外一种语言对某一既定语言的特性，对其形式、规范、法则进行定义的可能性。元语言的第二种特性是第二语言，是我们用来对第一语言的形式、法则和规范进行定义的第二语言，跟第一语言在实质上不一定有所不同。因为说到底，我们可以选择法语来当作法语的元语言，当然也可以选择德语、英语或者随便一种语言，为了这个效果我们甚至还可以选用一种创造出来的象征性语言；结果便是，因为有了相对于第一语言的这种绝对距离的可能性，我们拥有了对第一语言展开彻底推论同时又跟第一语言完全处于同一层面的可能。

不过，元语言的概念虽然看上去能够定义，至少能够抽象地定义批评得以栖身的逻辑场所，但我不能确信这个概念能否用来定义批评。为什么我对元语言概念会犹疑不决，也许应该回顾一下昨天我们关于文学的论述。你们记得，书是作为文学场所而出现的，也就是说，在那个空间里，作品自身成为文学的拟像，制造某种类似于镜子和不真实的把戏，在那个空间里,既关乎僭越,又关乎死亡。如果用语言专家的词汇来表达同样的东西,也许可以这样说:文学,当然是人实际发出的不计其数的言语现象中的一种。正如所有的言语现象那样,只有在这些言语跟语言,跟构成一门既定语言的规范之一般视野相融合的时候,文学才是可能的。因此,一切文学,如同言语行为,只有相对于语言,相对于这些规范结构才是可能的;得益于这些规范结构,语言的每个词才被实际发出声来,才变得透明,才得到理解。如果说句子拥有意义,那是因为每个言语现象都栖身于语言虚拟的然而绝对是限制性的视野里。所有这些,当然都是一些非常著名的概念。

可是我们能否这样说:文学是一种极其特殊的言语现象,也许跟其他所有的言语现象都不同?确实,归根结底文学是一种也许遵守它所在规范的言语,可一旦它开始,在它发出的每个词语当中,它就破坏了安置与包含自己的规范。也就是说,每当一个人提起笔来写某个东西,只要规范的限制暂时被写作词语的动作本身悬置——在可能情形下,这一悬置使得词语可以不遵守语言规范,那么这就是文学。如果一位文学家写出来的每个词实际上都没有遵守语言规范,那么就绝对不可能被理解,就绝对会是一种疯癫的言语——也许因此成为了今天文学和疯癫互相从属的理由;不过这是另一个问题。

简单而言，文学就是文学句子里的每个词一直采取，一直担负的冒险；总而言之，是词、句子以及其他一切不遵守规范的冒险。有这样两个句子："在很长一段时期里，我都是早早就躺下了"，以及"在很长一段时期里，我都是早早就躺下了"。第一句是我说的，第二句是我在普鲁斯特作品里读到的，这两个句子从字面上来看是一模一样的，但它们在实质上、根本上是不同的。当普鲁斯特在《追忆似水年华》开篇写下这句时，很可能句子里的每个词语跟我们在日常生活中说出来意义不尽相同，很可能这句言语悬置了将它外借出来的规范。①

可以说在一切文学中总是有一种本质的、基础的、难以抹除的冒险，这一冒险就是结构秘传之冒险。很可能规范没有得到遵守；总而言之，文学言语总是拥有悬置规范的至尊权利。也许正是这一至尊权利，哪怕没有被实际执行，构成了一切文学作品的危险和伟大。在这个意义上而言，我认为元语言不能真正作为文学批评的方法来应用，不能被作为我们得以安置批评之所是的逻辑视野。因为元语言恰恰意味着我们是从语言的规范开始，建立起关于实际发出的一切言语的

① 福柯手稿原文："随便一句话（'昨天，我很早就上床躺下了'）与这句'在很长一段时期里，我都是早早就躺下了'，这两句的区别并不在于第二句更美修饰得更好，而在于当这句被写出之时，就隐晦地进行了某种冒险（在一切可视的外表之下），使得无论如何，这样开始的言语也许不遵守语言规范。"

理论的。如果规范在言语中遭受破坏，在可能情形下，如果规范不绝对有价值，此时，这样一种言语就无法成为元语言，我们必须求助于他物。如果我们不求助于元语言概念，为了对文学进行定义，我们能求助于什么呢？

也许我们应该更为谦卑。与其毫不谨慎地论证元语言这一充满逻辑感的字眼，我们倒还不如仅仅注意这一几乎不易察觉却在我看来很关键的显著事实，那就是语言也许是世间的唯一存在，是绝对具有重复性的唯一存在。

当然，世界上还有其他重复性的存在：我们能两次发现同样的动物，我们也能两次发现同样的植物。但在自然界中，这些重复事实上只是部分相同，它们完全可以用推论的方式进行分析。严格说来，我认为只有在语言当中才有重复。也许有一天我们应该对语言中所有可能的重复形式都进行分析，也许在这些重复形式的分析中我们能够勾勒出某种类似于语言本体论的东西。我认为，现在简单来说，语言正不停地进行自我重复。

语言学家们十分清楚这一点，他们已经说明了只需要多少的语音就可以形成一种语言的所有词汇。这些语言学家以及词典作者们，也十分清楚只需要多少的词语，最终就能构成一切可能的、无尽的、数量必然不限的话语，我们在日常生活中发出的这些话语。我们不停发出某种重复性的结构：语音的重复，词语语义的重复。在即将言说的时候，我们清楚地知道语言是可以被重复的：我们可以用其他词语言说同一个句子，同一件事情，正由此形成了注解、评论等等；我们甚至可以重复一种语言的形式而悬置它的整个意义，这正是语言理论家们所做的，他们最终用语法结构或形态结构来重复一种语言。

总而言之，你们看到，语言可以说很可能是存在 (l'être) 之唯一场所，在这个场所里某种类似于重复的东西是绝对可能的。然而语言的这一重复现象，当然是语言的构成特性，不过，这一特性相对于写作行为而言并不是中性和惰性的。写作并非规避语言的必然重复；写作，从文学意义上而言，我认为是将重复置于作品的核心，也许应该说文学，当然我指的是西方文学——因为我不了解其他文学也不知道能从中得到什么看法，西方文学可以说起源于荷马，荷马在《奥德赛》中恰恰使用了一种惊人的重复结构。你们记得在《奥德赛》第八章，尤利西斯抵达法伊阿基亚人的城里，人们看见了他，却没有认出他来。尤利西斯被邀请参加法伊阿基亚人的宴会，没有人认得他。只不过他在竞技中表现出的力量、他战胜对手所取得的胜利表明他是个英雄，却没有让人猜到他的真实身份。因此他人在那儿，是隐藏不露的。宴会中来了一个吟游诗人，来吟唱尤利西斯的丰功伟绩，历险与功绩恰恰在吟游诗人的眼前继续进行，因为尤利西斯就在那儿。这些远未结束的历险，其中包括这一段关于历险的叙述，因为这段叙述属于尤利西斯历险的一部分，在既定时刻，他听到一个吟游诗人在吟唱尤利西斯的历险。由此，《奥德赛》在自身内部进行自我重复，《奥德赛》在其自身语言的核心，拥有一面中心镜子，以至于荷马的文本盘绕于自身，围绕着自己的中心进行自我掩盖或自我发展，在一种本质的运动中进行自我重复。这种结构其实也很常见，比如在《一千零一夜》中，其中有一夜是关于山鲁佐德（Sheherazade）的故事，这个女孩给苏丹讲述一千零一夜的故事以逃避死亡，我觉得这种结构很可能构成了文学的存在本身，哪怕不是一般文学，至少也是西方文学的存在本身。

在这种重复结构和我们在现代文学中发现的内在重复结构之间，甚至可能存在着一种相当重要的区别。在《奥德赛》中，确实，我们看到吟游诗人的无尽吟唱在追随尤利西斯并试图赶上他；同时，我们看到吟游诗人的吟唱早已开始，前来与尤利西斯相逢，用传奇来迎接尤利西斯，在他沉默时让他讲话，在他隐身时揭开他的面纱。现代文学中的自我指涉（l'autoréférence），很可能比荷马讲述的这长长的脱节（déboîtement）更为安静。现代文学之自我重复很可能是在自己语言的厚度中进行的，也很可能是通过我刚才跟你们提到的言语和规范的策略进行的。

总之，在即将结束我对元语言和重复结构的思考时，我想对你们说，对你们建议：你们是否觉得，此刻我们可以用一种十分单纯的方式来定义批评，不将批评视为一种元语言，而将它视为语言可重复之物的重复。从这个意义上而言，文学批评大约只不过隶属于一种重要的注解传统，至少对于希腊世界而言，开始于第一批语法学者对荷马进行评注之时。我们可不可以近似地说，批评纯粹是、仅仅是关于复制物（doubles）的论述，换言之是关于距离和差异的分析，在这些距离和差异中分散着语言的一致内容。至此，我们能看到三种完全可能的批评形式。第一种，可以说是关于文字技巧的科学、知识或者说索引，通过这些文字技巧，语言的相同元素进行重复、变化、组合——如何改变、组合、重复语音元素、语义元素、句法元素，简言之，从该意义上去理解的批评，被视为语言之形式重复科学的批评，它有一个久已存在的名字，那就是修辞学。第二种复制物科学的形式，在语言的多样性里分析意义的一致或变更或改变之处——如何通过不同的词语重复同一个意义；你们知道，古典意义上的批评大约就是这样进行的，从圣伯夫直至今日，我们试着在一部作品的多样性里寻找心理或历史意义的一致性，寻找某种主题的一致性。这就是我们传统上所说的批评。

于是我想是否可能存在，是否现已存在第三种形式的批评，是对这种自我指涉的解读，对作品自我暗含的解读。正如我刚才在讲到荷马时提到过的，这种自我指涉和自我暗含发生在重复的稠厚结构中。作品通过一种曲线在自身内部自我指涉，自我提供语言对语言的重复，对这种曲线的分析难道会没有一席之地吗？我觉得正是这些，正是对作品自我暗含的分析，对作品不停在自身内部自我指涉所借助符号的分析；我觉得，总而言之，正是这些将意义赋予了我们今天称之为文学分析多样化和多形态的事业。

文学分析这一概念被不同的人使用和应用过，比如巴特、斯塔洛宾斯基①等人，我想要跟你们阐释这一概念在我眼中是如何能奠定一种思考，或者说打开和通向一种**几乎**是哲学的思考的，说"几乎"是因为，我不想吹嘘自己研究的是真

---

① 让·斯塔洛宾斯基（Jean Starobinski）：哲学家和文学史学者（1920年出生于日内瓦），发表了众多著作；在福柯举办这次讲座时，他的著作《雅克·卢梭：透明与障碍》（*Jean-Jacques Rousseau: la transparence et l'obstacle*, Paris, Plon, 1957）已经造成很大影响，他对索绪尔的研究，尤其是关于变换字母位置单词的研究，极大加强了文学研究与结构主义语言学之间的联系。

正的哲学，正如昨天我认为文学家们从事的并不是真正的文学：我将置身于哲学的拟像中，正如昨天所言文学是在文学的拟像中。所以我想要知道这些文学分析是否将要把我们带入一种哲学的拟像中。

在我看来，直到现在完成的文学分析草稿，我们可以进行分类，总而言之我们可以给予它们两类不同的方向。第一类跟作品在自身内部自我指涉的符号相关；另一类跟作品在自身内部拉开空间距离的方式相关。

首先，纯粹按照先后顺序，我要谈的是已经和可能进行的，关于文学作品如何不停在自身内部自我指涉的分析。你们知道，奇怪的是，这是一项新近的发现，要知道文学作品总体而言，不是由理念，不是由美，不是由情感，而仅仅是由语言构成的，因此是从一种符号系统出发的。但这一符号系统并不孤立，它属于整个其他符号网络的一部分，在某一既定社会流通的那些符号，非语言符号，也许是经济的、货币的、宗教的、社会的符号。每当我们在一种文化的历史中选择进行研究，就会有某种符号状态（état des signes），一般符号的一般状态，也就是说需要证实哪些是支持能指价值的元素，这些能指元素在流通中遵守哪些规则。

鉴于文学作品由语言符号协作而成，我们能够肯定它作为局部区域，属于一张网络的一部分，这张水平的网络，无论沉默还是多言，都总是光芒闪烁的，在某一文化的历史上，每时每刻构成我们可称为符号状态的东西。所以，若想知道文学如何自我表示，就需要知道它是如何被表示的，它在一个社会的符号世界里处于什么样的位置，实际上从来没有对当代社会进行这样的研究，理应要去做，也许可以拿一份研究作为范例，这份研究工作是针对远比我们文化更古老的文化所做的，我想到的是乔治·杜梅吉尔[①]关于印欧语系社会的研究。

爱尔兰传说、斯堪的纳维亚神话、李维笔下的罗马历史记载、亚美尼亚传说，这个整体，如果我们不以文学来称之的话，也许可以称之为语言作品。你们知道，杜梅吉尔阐述了这个整体如何在事实上成为一种更为广泛的符号结构的一部分。只有在这些传说和另一个印欧语系社会中的某个宗教或社会仪式之间建立起结构的同质性，我们才能理解这些传说究竟是什么。此时我们会注意到，文学在那些社会里，作为一种本质上为社会和宗教的符号发挥功能，只有当文学承担起

---

① 乔治·杜梅吉尔 (Georges Dumézil, 1898—1986)：法国语言学家，通晓多种语言，在其代表作《神话与史诗》(*Mythe et épopée*, 1986) 中，他对印欧语系社会的宗教和神话进行了对比研究，从中发现了一些共同的叙事结构。

宗教仪式、社会仪式的能指功能时，文学才得以存在，它既是被创造出来的，又是被消费掉的。

在今天，我们需要看到，需要查实我们当今社会的符号状态，很可能文学偏向的不是宗教符号，而是消费或经济符号。不过总而言之，我们对此一无所知，我们需要完成的正是符号学的这第一层面，来确定文学占据的能指区域。

不过相对于符号学的这第一层面，我们可以说文学是惰性的，它当然会发挥作用，但它发挥作用时所处的这个网络不属于它，它不能掌控这一网络。因此，需要将符号学的这一分析推进到，或更确切地说，发展到另一层面，内在于作品的一个层面，也即需要证实哪一种符号系统不在某个既定文化内部，而在一部作品内部发挥功能。关于这方面的研究，我们还处于萌芽阶段，或者说只见到一些特例。索绪尔[1]留下了一些笔记，在这些笔记中，他试着去定义拉丁文学中语音符号或语义符号结构的用途。这些文本现在由斯塔洛宾斯基在法兰西信使出版社（Mercure de France）出版，你们可以去阅读。在索绪尔的分析草图中，文学主要作为一种语言符号组

---

① 索绪尔（Ferdinand de Saussure, 1857—1913）：瑞士语言学家，现代语言学奠基人。《普通语言学教程》在他辞世之后发表，启发了此后整个语言学研究以及众多人文学科（人种学、哲学、文学分析），同时奠定了结构主义的基础。

合而出现。对有一些作家进行此类分析是容易的，我想到夏尔·佩吉（Charles Péguy），当然还有雷蒙·鲁塞尔，以及超现实主义作家。在这种语言符号分析当中，可能存在符号学分析的第二层面，这一层面不是文化符号学，而是语言符号学，可用来确定可能做出的选择，这些选择遵从的结构，为何做出这些选择，系统每个点的潜伏程度——这种潜伏程度表示作品的内在结构。很可能还存在第三种符号层面，文学用这第三张符号网络来进行自我表示，这种符号，巴特称之为写作。也即写作行为在即时沟通领域之外，通过这些符号来对自身进行仪式化。

我们现在知道，写作并不仅仅是套用某个时代的惯用语，再往里注入某些个人用语；写作也不是才能、平庸和天分的混合。写作尤其意味着对符号的使用，这些符号并非其他，正是一些写作符号。这些写作符号也许是一些词语，一些所谓高雅的词语，但更是某些深刻的语言结构，比如法语中的动词时态——你们知道福楼拜的写作，另外可以说从巴尔扎克直到普鲁斯特所有法语经典作品的写作，主要由一种构型（configuration），一种由未完成过去时、简单过去时、复合过去时、愈过去时这些时态之间的关系构成。这组耀眼时态不会以同样的价值出现在你我的日常语言里或报纸上。

这四个时态的构型，在法语叙事中，恰恰构成文学叙事这一事实。

最后，我们需要给符号学的第四层面留出位置，这一层更为狭窄，更为隐蔽，是对我们可称为暗含（implication），或自我暗含（auto-implication）的一类符号的研究；作品正是通过这一类符号在自身内部自我指涉，以某种形式，以某种面孔，在自身内部对自我进行**再现**。我刚才讲到，在《奥德赛》第八章中，尤利西斯听一个吟游诗人吟唱尤利西斯的历险，然而有某种很特别的东西，尤利西斯本来没有被法伊阿基亚人认出来，但在听到吟游诗人吟唱自己的历险经过时，他低下头，暴露自己的真实身份，荷马写道，他开始哭起来，像那些战后收到夫婿尸首的女人那样哭起来。

文学自己进行自我暗含的符号，你们看到，在这里极能说明问题，这是一种仪式，这恰是一种哀悼仪式。也就是说作品仅仅在死亡当中，在主人公的死亡当中自我指涉。只有当作品中活着的主人公，相对于已经完结的叙事来说已经死去的时候，才会有作品的存在。

如果我们将这种自我暗含的符号与普鲁斯特作品中自我暗含的符号进行对比的话，会发现一些相当有趣和鲜明的差异。《追忆似水年华》自身所进行的自我暗含正好相反，它是以永恒灵光（illumination intemporelle）的形式出现的，在提到一块缎纹餐巾、一块玛德莱娜蛋糕、盖尔芒特庭院里让人忆起威尼斯的那些高低不平的路石，在提到这些的时候，突然之间，某种类似于作品之永恒的、被灵光照耀的、绝对幸福的在场被呈现给那个恰好在写作这一作品的人。在这一永恒灵光与尤利西斯像收到丈夫尸首的女人那样哭泣的姿势之间，你们看到存在一种绝对差异，一种关于作品内部自我暗含符号的符号学无疑会向我们透露很多关于何为文学的信息。不过这一切是实际上从未能完成的计划。我之所以强调符号学不同层面之间的区别，那是因为在当今的文学领域中，关于语言学和符号学方法的运用存在某种混乱。你们知道现如今有些人，不分青红皂白地滥用语言学方法，将文学视为一种天然的语言事实。

文学确实是由语言构成的，如同建筑终归是由石头建造的。但不应该由此得出结论，认为可以将适用于一般语言的结构、观念和法则毫无区别地套用于文学。事实上，当我们将符号学方法原始地应用于文学，我们就成了双重混淆的牺牲品。一方面，我们对一种特殊的能指系统在一般符号领域进行了惯常使用。也就是说我们忘记了，语言说到底只是一个更广泛符号系统中的一个符号系统，那些更广泛的符号包括我之前提到的宗教、社会、经济符号。另一方面，在对文学原始地应用语言学分析方法时，我们恰恰忘记了文学使用的能指结构非常特殊，比语言固有的结构更为精致，尤其是我刚才讲到的这些自我暗含的符号，这些符号实际上只存在于文学，无法从一般语言中找到相应的例子。

换言之，作为能指，作为自我表示，文学分析并不只在语言范畴中得以铺展。文学分析陷入的还不是语言符号领域，它向着比语言符号更复杂的其他符号拉伸、提升、延展自我。这就导致了，只有当文学不仅局限在单一语义层、单一语言符号层的使用时，文学才成其所是。事实上，文学立于几种符号厚层之间，它可以说是多义的，却是一种特殊模式的多义，不同于我们平常所说的"一个信息能有几种意义"，是语义模糊的。文学的多义意味着，为了表达一种东西或为了什么都不表达，毕竟没有什么能证明文学必须要表达某种东西，总之，为了表达某种东西或为了什么都不表达，文学总是必须贯穿一定数量的符号学层面——我觉得至少是我讲过的那四种层面。从这四种层面中，它提取出一些东西来形成一种形象，这种形象的特性在于自我表示。也就是说文学并非其他，而是将社会文化中分布于不同层面的符号以一种垂直形式进行的重新构型（reconfiguration）；也就是说文学并非由沉默构建而成。文学，并非沉默之难以言表；文学，并非难以被言说与永远不会被言说之物的流露。

事实上，只有当我们不停言说，只有当我们不停让符号流转的时候，文学才是存在的。这是因为在文学四周总是有一些符号，这是因为它像文学家那样在言说。概括而言，我们可以看到一种严格意义上的符号学文学研究大约是往什么方向去发展的。在我看来，另一条道路也许更为人熟知，同时又更不为人所知，另一条道路并不是关于作品的表意结构、能指结构的，而是关于作品的空间性。

你们知道，很长一段时期里，我们以为语言跟时间有着深刻的亲缘关系。之所以这样认为也许有几种原因。因为语言本质上让叙事成为可能，同时让承诺成为可能[……]①。语言，本质上是"串联"时间的东西。语言将时间内置于自身，因为它是写作，因为如同写作，它将自己维持于时间当中，将它所言说的东西维持于时间当中。覆盖符号的表面归根结底只不过是时间玩弄的空间把戏。因此，时间在语言中进行自我显现，此外也在语言中具有自我意识，将自我视为历史。可

---

① 此段不可考，无论在讲座打字稿还是在准备手稿里都不可辨识。

以说从赫尔德①到海德格尔，语言作为逻格斯 (logos) 一直拥有保存时间、看管时间、自身维持于时间以及在静止不动的看管中维护时间的重要职能。

我觉得从未有人想过，语言归根结底并非时间，而是空间。除了一个人，一个我并不怎么喜欢，却不得不指出来的人，这个人就是柏格森。柏格森有过这样的观点：总之，语言不是时间，而是空间。唯一麻烦的是，他从中得出了消极结论。他觉得如果语言是空间而非时间，对语言来说就太可惜了。因为哲学恰是语言，而哲学的本质在于思考时间，因此他得出两个消极结论：首先，哲学应该远离空间和语言，以更好地思考时间；其次，为了能够思考和表达时间，我们应该绕过语言去思考和表达；最后，我们应该摆脱语言当中可能具有沉重空间性的东西。为了削减语言的这些权力、这一本质或这一空间命运，也许应该让语言自我游戏，在词语面前使用其他词语，或者说使用反词语。在词语的这种褶皱、碰撞与互相交织当中，每个词语的空间性都被其他词语的空间性消灭，或者说吸收，消除，总之被其他词语的空间性限制，在严格意义

---

① 赫尔德 (Johann Gottfried von Herder, 1744—1803)：德国诗人、神学家、哲学家。他反对启蒙运动的人道主义理论，认为其太过抽象。他持有一种连续性历史观，认为每个"时期-民族"都自成一个完整的整体。跟黑格尔大不相同，他的哲学理论提出理性在历史中不断发展的假设。

上的比喻这一策略里——柏格森对比喻的重视正因此而来，他认为得益于语言自我反对这一策略，得益于比喻削减空间性这一策略，某种东西最终得以诞生，或至少得以经过，这个东西正是时间的流淌。

实际上，我们现在正在通过成百上千条几乎都是经验的道路发现，语言是空间。语言是空间，这一点我们已经忘记了，仅仅因为语言运作在时间里——它是话语流，因为它的运作是为了言说时间。可是语言的功能不是它的存在，如果说语言的功能是时间，那么语言的存在恰恰是空间。说是空间，那是因为语言每个成分只有在一个共时性的网络中才具有意义；说是空间，那是因为每个词语或每个短语的语义价值是通过对一张清单、一种范式的切分来获得定义的；说是空间，那是因为成分序列、词语顺序、词形变化、词语之间的搭配、话语流的长度，都或多或少自由地遵守句法之同时性的、建筑学的，因而是空间性的要求；说是空间，最终是因为，一般而言，只有通过成分替换、组合，通过在一个整体中——也即在一个空间中——进行定义的操作系列，才会有带有所指的能指符号。

我认为，很长一段时期以来，实际上直到今天，我们都将符号的预示和回顾功能——这些时间功能——与从古至今使符号成其为符号的那个东西混淆了；那个东西不是时间，而是空间。上帝的言语，让世界末日符号就是世界末日符号的这一言语，并不是在时间中发出的，它可以在时间中显现出来，它是永恒的，相对于能够表示某种东西的每个符号而言，它具有共时性。我认为，只有当我们不再混淆时间和语言，当我们忘记曾经限制文学分析的时间模式，文学分析才具有自身意义。在这些模式中，尤其要提到创作神话。如果说批评在很长一段时期里，将自身职能与角色视为重建最初创作时刻，也即作品正在诞生和萌芽的那个时刻，这仅仅是因为批评遵守语言的时间神话。批评总是有这种需要和怀旧：重新发现创作之路，用批评的专有话语重建作品诞生和结束的时间，人们以为这种时间应该会持有作品的秘密。只要语言观是跟时间联系在一起的，只要语言被视为时间，批评就是创作主义的（créationniste）：批评相信创作，正如它相信沉默。

我认为将作品语言作为空间去分析，这值得一试。说实话，有些人已经从一些方向上进行了这样的分析。我还是要有点教条地将目前尚属计划或草案的东西进行模式化处理，我想我们是不是可以极为概括地这样来说某个东西。首先，肯定有一些空间价值被加入到复杂的文化构型中，使得在这个文化中出现的一切语言和作品都空间化了。比如，我想到

15世纪末直到大约17世纪初的球形空间。始于中世纪末期,历经文艺复兴时期,直至古典主义时期早期,在这整段历史时期中,球形,不仅是在图像或文学中享有特殊地位的一个形状,它实际上确实是一个空间化的形象,是安置文艺复兴文化或者说巴洛克文化其他一切形象的绝对场所与原初场所。封闭的曲线、中心、穹顶、光芒四射的球体,这些不是那个时代的人简单选择的形式,而是一些运动,通过这些运动给出了这个文化一切可能的空间——语言的空间。从经验上而言,当然,那时候人们发现了地球是圆的,这确实使得球形享有特殊地位;那时候发现,地球是神圣球形及其穹顶坚实、暗淡、自我蜷曲的形象;也形成这样一个观念,即人类只不过是一个微观宇宙的小球,这个小球位于地球上,位于宏观宇宙的内部。

是不是这些发现和观念赋予了球形以重要性?提出这个问题也许没有太多意义。可以确定的,以及我们也许能够分析的是:从最广泛意义上而言的表现、图像、外观、真理、类比,从15世纪末直至17世纪初,都是在球形的基础空间里被给出的。可以确定的是,比如意大利15世纪绘画中的立方体,从15世纪末,尤其是从16世纪开始,就被空心半球体取代了,绘画人物是在这半球体中被放置和挪动。可以确定的是,语言开始自我弯曲,创造出一些环状形式以回到起点。比如《庞大固埃》

(*Pantagruel*) 的奇幻旅行,这趟旅行终结于模糊的起点,其间经过的美妙地域会让人想起奥林匹斯山、色萨利、埃及、利比亚以及——拉伯雷补充道——犹太海上的强北风岛;但是,在岛屿尽头,在抵达旅程最远方之时,在绝对迷失之时,拉伯雷一直这样说,伙伴们发现旅行地跟都兰一样美妙,也许恰恰就是在都兰,他们看到了自己的出发地,他们正是从此处出发去往那些岛屿的。以至于为了返回故乡,并不需要重走来时路,因为他们一直身在故乡。或者说,如果现在他们要重新启程,也许是为了再次离开故土,因为他们已经在都兰了,因为他们也许要开始一段新旅程。总之,环形永无止境地重新开始。

也许正是文艺复兴时期的这一表现球形,通过自我分解、爆炸或自我扭曲,在17世纪中叶,制造了那些著名的巴洛克形象,比如巴洛克风格的镜子、五彩气泡、球形、螺旋纹,以及覆在身体周围如同螺旋桨一样向上攀缘的重要服饰。在我看来,我们应该能对一般作品的空间性进行诸如此类的分析。关于这样的分析,例如在普莱[1]所做的那些分析中,我们其实

---

[1] 乔治·普莱 (Georges Poulet, 1902—1991):比利时文学批评家,属于日内瓦学派,该学派聚集了让-皮埃尔·理查 (Jean-Pierre Richard),让·斯塔洛宾斯基 (Jean Starobinski) 与让·鲁塞 (Jean Rousset)。他抛弃了当时的形式主义批评方法,著有《人类时间研究》(*Etudes sur le temps humain*, 1949)、《圆的变形》(*Métamorphoses du Cercle*, 1961),福柯在此引用的即为上述著作。

已经有了一些草图,而不仅仅只是些粗略的线条。

很可能一般语言的这种文化空间性最多只能从外部抓住作品。实际上作品内部也有一种空间性。这种内部空间性并非它的构成,恰恰并非我们传统上称为节奏或韵律的东西。从某种程度上讲,它是一种深度空间,作品的形象就来自这个空间并流转于其中。其实类似的分析已经有人做过了,很大一部分来自斯塔洛宾斯基的《卢梭》[①]（*Rousseau*）,或鲁塞[②]的《形式与意义》（*Forme et signification*）。我记得很精确,我来引用一下文本,让你们清楚地了解一下我所想到的,鲁塞关于高乃依作品中环形和螺旋形的漂亮分析。他阐述了高乃依戏剧作品从《宫殿长廊》（*La Galerie du Palais*）到《熙德》（*Cid*）,是如何遵从一种环形空间性的。也就是说,给出两个人物,在戏剧开始前是在一起的。仅当两个人物分开时戏剧才开始,两人在戏中会合,却交错而过,和解是不可能的,或者是不完美的。这就是罗德里克（Rodrigue）和施梅娜（Chimère）的故事,由于已经发生的一切,两人不可能达到绝对的融合,于是再次分开,仅在戏剧结束时才得以相聚。由此产生一种环形,一种8字形,或者说一种无尽的符号

① 让·斯塔洛宾斯基,《卢梭》,前文已引。
② 鲁塞（Jean Rousset, 1910—2002）：瑞士文学批评家,研究领域为巴洛克诗歌与文学。

形式，构成高乃依早期作品空间性的特征。而《波利耶科特》（*Polyeucte*）可以说代表一种上升运动的突现，这在高乃依从前戏剧作品中是没有的：我们还是有这一形象，这个8字形，两个在戏剧开始前在一起的人物，波利耶科特（Polyeucte）和波莉娜（Pauline），之后两人分开了，又会合了，然后又分开了，最终聚在一起。但是分离并非和人物处于同一层面的事件导致，主要原因在于波利耶科特皈依引起的上升运动。分离与相聚的动因，可以说是一种在上帝中达到顶点的垂直结构。从那一刻起，波利耶科特就与波莉娜分开以接近上帝，形成了一种螺旋运动。《波利耶科特》这部戏以及高乃依接下来的剧作都具有这一螺旋运动、这种上升的褶皱，这种褶皱跟我们在同一时期巴洛克建筑上发现的褶皱也许是同一回事。

最后，也许我们可以发现分析作品空间性的第三种可能，这不是通过研究一般作品的空间性，而是通过研究作品语言自身的空间性来实现的。也即发现一种既不是文化的，也不是作品的，而是语言自身的空间。语言被置于纸张的空白页上，语言出于固有本质，形成和打开了某种通常而言极为复杂的空间。说到底，这一空间也许在马拉美的作品中才变得敏感。马拉美的作品——这一天真、纯洁、空白的空间，这一玻璃空间，这一将鸟儿困于其中的寒冷、冰雪和霜冻的空间，这一封闭自身与折叠自身的空间①，它以一切合法（licitude）的品质敞开，它向目光的绝对穿透敞开，目光能够横扫它，然而归根结底只能在它表面滑行，这一敞开的空间同时也是完全封闭的，这一我们能够横扫的空间是一个如同结了冰的、完全封闭的空间。这一马拉美物品的空间，这一马拉美湖泊的空间，也是他词语的空间。试举让-皮埃尔·理查②详细分析的价值为例，他详细分析了马拉美作品中扇子和翅膀的价值。扇子和翅膀，当二者展开时，具有遮蔽视线的特性：当翅膀足够宽大时，就会遮蔽鸟儿的视线，扇子则会挡住面孔。翅膀和扇子遮蔽视线，它们隐藏，它们拉开距离以免被触碰，但它们只有在展开的时候才会隐藏，也就是说只有在翅膀展开色彩斑斓的羽毛，或扇子展开扇面绘画的时候，它们才会隐藏。相反，当翅膀闭合的时候，鸟儿能被看见；当扇子闭合的时候，面孔能被看见。因此它们允许接近，将刚才自己展开时隐藏的东西提供给视线或手来抓取，然而，在它们合拢自身的时

---

① 福柯的手稿在此处继续写道："这是典型的马拉美物品的空间，是翅膀或扇子的空间：它们是展开的，它们向生活遮蔽，它们隐藏，它们拉开距离以免被触碰，但在另一个方向，它们又让看到，又在全面展示它们的珍宝之丰富。"

② 让-皮埃尔·理查（Jean-Pierre Richard）：出生于1922年，作家和批评家。19世纪和20世纪文学专家，致力于揭示语言与感官世界的隐秘联系。福柯在这里引用的是理查研究马拉美的一本著作：《马拉美的想象世界》（*L'univers imaginaire de Mallarmé*, Paris, Seuil, 1961），福柯对这本书进行了阐述分析，详见《言与文》，前文已引，第一卷第28篇（*Dits et écrits*, op. cit., tome 1, texte n°28）。

候，它们自身变得具有隐蔽性，恰恰将刚才敞开时展示的一切藏匿起来。因此翅膀和扇子形成既是揭晓也是谜团的模糊时刻；它们形成紧扣在被视之物上的面纱时刻，同时也是绝对的展露时刻。

马拉美物品的这一模糊空间，既进行揭示又进行隐藏，这很可能就是马拉美词语的空间，就是词语自身的空间；马拉美作品中的词语，展开它的陈列品，同时又在这陈列之下掩盖和深藏它正在言说的东西。它既在空白页上折叠起来，隐藏它想要言说的东西，同时，在这折叠运动当中，它让一种绝对保持不在场的东西在远处涌现出来。也许这是马拉美一切语言的运动；总而言之这是马拉美之书的运动，从最象征的意义上去理解的书，即与语言的联系，以及从最精确的意义上去理解的书，即马拉美的这份事业，他在存在尽头迷失其中的这份事业；因此这是书的运动，在像扇子一般敞开时，既进行隐藏又进行展示，在闭合时，让它从未停止用自身语言命名的空白显露出来。这正是为什么书是书自身的不可能性，是当它展开时封住的空白；是当它折叠时显露的空白。马拉美的书，在固执的不可能性中，让语言不可见的空间变得几乎可见，我们需要对语言这一不可见的空间进行分析，不仅对于马拉美的作品，对于所有我们想要理解的作者，都要进行这种分析。

这些可能的分析，已经局部地在这儿那儿有些眉目了，你们会跟我说，对作品的这些分析看上去相当分散；一方面要进行符号学层面的解读，另一方面要有对空间化形式的分析。符号学层面的分析，空间化形式的分析，这两种运动应该保持平行吗？或者它们会形成交汇？或者只有在无穷远处，在作品几不可见的远方，它们才能形成交汇？我们能否期待在未来某一天能有这样一种独特的语言，它既能呈现新的符号学价值，又能呈现这些符号学价值自我空间化所在的空间？

毫无疑问，我们还远不能持有这样一种话语（discours），我刚才对你们阐述时的零散即可证明这一点。

然而，更确切说，也许这正是我们的任务。现在文学分析的任务——也许也是哲学的任务，也许还是现今整个思想和语言的任务——在于让一切语言的空间走向语言。在这个空间里，词语、语音、声音、缩写通常都能成为符号；某一天应该出现这一栅栏（grille），在释放意义的同时保留语言。但是什么样的语言才能拥有足够的力量或审慎，什么样的语言才能拥有足够的暴力或中立，来呈现和亲自命名构成语言、使语言成其为语言的空间？关于这一点，我们一无所知。这将会是一种比我们现在的语言紧凑得多的语言吗？在那样一种语言里，文学、批评、哲学是否不再像现在这样彼此分离？可以说这将是一种极早先（matinal）的语言，将要"唤回"希腊思想的最初语言形态。或者我们是否还可以这样说，那就是，如果说文学现在拥有意义，如果说像我刚才谈论的那种文学分析现在拥有意义，也许因为它们预示了语言未来的样子，也许因为它们表明了这种语言正在生成中？总之，文学是什么？为什么如同我们昨日所言，文学出现在19世纪并且和书的奇特空间联系在一起？也许文学恰恰是历史至今不到两个世纪前的新近发明，是从根本上而言正在形成中的关系，是语言和空间之间正变得依稀可辨，却仍然难以想象的关系。

当语言放弃千百年来它的古老任务，即收集那些不该被遗忘的东西，当语言发现通过僭越与死亡，它跟书这一空间碎片，那么容易操纵又那么难以想象的空间碎片联系在一起的时候，这时候，某种类似于文学的东西就开始生成了。文学的诞生，对我们而言仍是新近的事，然而，在它自身的空洞里，它已经提出它是什么这一问题。这是因为，在一种已经极为古老的语言里，它还极为年轻。这种语言上千年来，或者说自从希腊思想的黎明时期开始就献身于时间,它就出现在这样一种语言里。因此它出现在一种献身于时间的语言里,如同在一种可能仍然很长的语言里发出的最初的模糊字眼,而在我们远未抵达的终点,这种语言终将献身于空间。直至19世纪,书一直都是一种附属载体,在其空间的物质性中,书是一种言语的附属载体,这种言语关心记忆与返回。而现在书已经几乎成为像在萨德那个时代语言的核心场所,文学也正在于此,它的根源总是可重复的,却一定是没有记忆的。

至于批评,从圣伯夫直至其他批评家,对他们来说,如果批评不是努力思考,那又是什么呢?以绝望的努力,注定失败的努力去思考;以时间、连续、创造、演变、影响这样的字眼去思考;思考完全对时间陌生、献身于空间的东西,也即思考文学;批评如果不是这些还能是什么呢?今天很多人从事的文学分析,并非将批评提升至元语言,并非以精细耐心的姿态和略为勤勉的积累从事终于变得实证的批评;文学分析,如果说它拥有意义的话,它只不过是在消除批评的可能性本身,它使我们仍然在一片模糊中逐渐看到,语言的历史性和连续性正在逐渐减少,文学分析揭示出语言正逐渐远离它自身,它如同一张网络那样自我离散,它的离散并非源于时间的连续,并非源于夜晚的欢愉，而是源于正午的爆裂、闪烁，源于正午静止的风暴。文学，从我试图跟你们阐释的严格严肃的意义上去讲，文学并非其他，而是这光芒闪烁、静止不动和支离破碎的语言，也即我们现在、今天需要去思考的东西本身。

论萨德

编者注

　　1970年，美国纽约州立大学布法罗分校法语系邀请福柯做两个讲座，第一个讲座主题为福楼拜的《布瓦与贝居榭》(*Bouvard et Pécuchet*)，第二个讲座主题为萨德，或者说是《新朱斯蒂娜》，这本书对哲学家福柯而言，完全是带着真理标志写出来的。

　　第二个讲座的记录稿和不同手稿——据我们所知存在三份分析《新朱斯蒂娜》的资料，第一份14页，名为"布法罗1970"；第二份47页，名为"蒙特利尔1971年春"；第三份22页，名为"72年10月"——表明福柯将他对萨德的阐释分成两部分。第一部分梳理了萨德作品中真理与欲望的关系；第二部分提前探讨了 1970 年 11 月出版的《话语的秩序》（*L'Ordre du discours*）之核心问题，尤其是以下观念：一切言语都意味着一种逻辑，该逻辑要么服从要么揭发一些识别与可接受性标准，正是在这些标准基础上形成了某个特定时期知识的分类和总体组织。

自从《古典时代疯狂史》出版以来，萨德这一人物——曾声名狼藉、作品被禁的僭越者，政治与真理思想家，旧制度司法的揭发者——让福柯产生了很大兴趣。此外，在 20 世纪 60 年代某些文学批评思考中，这位不同寻常的侯爵经常受到关注，福柯并不是唯一一位将萨德与荷尔德林、马拉美与卡夫卡、洛特雷阿蒙与阿尔托联系在一起的批评家。在那个时期，对于某种反现代性流派的信徒而言，萨德是热点话题和焦点对象。

在我们于此处编辑完成的 53 页布法罗记录稿中，突出的是一种关于话语复杂结构的观念，这种观念从内部引导福柯的分析。但在此福柯也没有停止"利用"萨德，因为福柯让萨德成为一位"性教官"，鼓吹一种有纪律的、伴随某种工具理性而展开的色情。①

---

① 福柯，《性教官萨德》（*Sade, sergent du sexe*），收录于《言与文》第二卷第 164 篇。（*Dits et écrits*, op.cit., vol.2, texte n°164, p.818.）

在讲座记录稿如同在手稿中那样，自然、写作、灵魂或法律这些单词有时会首字母大写，有时不会。我们选择保持这些单词的小写形式，只有上帝这个名词还是首字母大写，与习惯保持一致。

第一场

我将主要根据萨德的最后作品之一，《新朱斯蒂娜，或贞洁的厄运》(*La Nouvelle Justine, ou les Malheurs de la vertu*)这部小说来进行阐述，这部小说对原先《朱斯蒂娜的故事》(*L'Histoire de Justine*)进行了扩展，篇幅增至十卷，并添加了《朱丽叶特的故事，或罪恶的繁荣》(*L'Histoire de Juliette, ou les Prospérité du vice*)。该书于1797年问世，我认为这本书用最极端与最完整的表达方式，对萨德的思考与想象进行了某种程度的总结。因此我主要是以这本书作为参考依据，而非《卧房里的哲学》(*La Philosophie dans le boudoir*)或《索多玛的一百二十天，或淫荡学堂》(*Les Cent Vingt Journées de Sodome, ou l'Ecole du libertinage*)。

作为引言，我想指出几点明显的事实。《新朱斯蒂娜》的整个故事，以及随后姐姐朱丽叶特的故事，这十卷完全被置于真理的符号之下。

开篇萨德即解释说，对于将要讲述的一切，他怀有某种恶心和厌恶，不过作家应该像哲学家那样讲出真理。他说，他将要如其所是地来阐述罪恶，如实阐述，也就是说阐述罪恶是胜利和荣耀的。

在第十卷结尾（我略去了他在其他地方对话语真实性的暗示和证明），在第十卷，在最后几行，他仍在强调小说的绝对真实性。最后有一章，也是最魔幻的章节之一，其中一位人物这样评述道："这样一个看上去如此不真实的故事，人们可能觉得出自一部小说，然而这不是一部小说，这是真理，因此你们应该相信我。"在结尾，在最后一句，萨德解释说，从今往后，小说里的所有人物，包括朱斯蒂娜和朱丽叶特都已经死了，因此除了他刚刚给我们讲的这些之外，他再也没有留下任何关于那些奇闻的讲述；如果说有其他作者胆敢讲述朱丽叶特和朱斯蒂娜接下来的遭遇，这个人只能是在造假，只能讲些谎言，因为朱丽叶特和朱斯蒂娜已经死了，她们已经把经历的一切都告诉了萨德，而萨德只不过尽可能如实记下了她们的讲述，记录的是她们的真实生活。

请原谅我强调指出这一陈词滥调。将叙述本身扣在一种真理、一种真实原则之上，这是18世纪小说的传统做法。18世纪的作者乐于使用一些方法来证明这种真理-真实性（vérité-vraisemblance）。萨德用到一些传统手法，比如："我将要跟你们讲述的，或我刚刚跟你们讲述的，并不是我头脑中想象出来的，我所做的只不过是将我发现的原稿，将传到我手里的文字誊写下来，或将我有意无意听到的倾诉记录下来。并不是我在讲，而是另一个人，我安排出场的正是这另一个人。因此，我讲的一切与这个人的存在本身同样真实。"另一种方法在于让作者自己干预进来，在某个特定时刻，作者以自身名义发言，例如："这可能让您觉得不真实，但有什么办法呢？……尽管看上去像小说那样不真实，但这并不是小说，因为我正在跟你们讲述真理。"

　　这类方法和手段在18世纪极为常见，狄德罗与斯特恩（Sterne）都曾用过，你们知道他们的用法是何等巧妙，而萨德是以一种绝对令人困惑的放荡与笨拙来使用的。在《阿丽娜和瓦尔古》[①]这部作品里，他据称抄写了一些信件，其中一封信的篇幅占据整整一卷，几乎达350页之多。很显然，信中所讲述的事件，这封信的作者不可能经历过。细节我就不详述了，彻底的不真实！同样，在《朱斯蒂娜》中，萨德自己通过注释发声："这个，是真的。"我们需要注意他在说什么。通常是当一个人物正沉醉于屠杀引发的性冲动价值时，萨德忍不住会在页脚做一个小注释："这个，我保证是真的；请相信我，这千真万确！"18世纪的作者们作为证实手段来使用的所有这

---

① 《阿丽娜和瓦尔古，或哲学小说》（*Aline et Valcour, ou le Roman philosophique*）：书信体小说，出版于1793年。

些方法，当它们出现在萨德文本中时，实际上都只是一些写作的超载、重复、激增点，完全不能产生将小说放置于一种真实性内部的实际功能。不过，回到我刚才所讲的，小说从头至尾，萨德都不停地说道他想要讲述的一切都是真理。但这一真理究竟是什么呢？因为如果我们查看事件经过，会发现很显然，萨德文本中没有哪一刻看上去是真实的：成千上万的死亡，屠杀，男人和女人们从早到晚不停抓来少男少女，先花样百变地用来满足性欲，然后进行屠杀；某人在罗马猛然摧毁了二十四座医院与医院里的一万五千个人；某人引发了火山爆发。这些都是萨德文本里的常见场景，而萨德一再声称："我跟你们讲述的，是真理。"

那么，这一真理究竟是什么呢？这一真理完全不能等同于18世纪小说家的真理-真实性，这一真理完全不能从字面去理解，如果我们对记述内容本身加以考虑的话。那这一真理究竟是什么呢？这样说吧！萨德所说的真理，我认为很简单，这不是他所讲述东西的真实真理，而是他推理的真理。18世纪小说家面临的问题在于，如何通过一种真实的外表，建立能够打动人的虚构小说，而萨德的问题在于如何阐述一种真理——像哲学家那样阐述真理，这一真理跟欲望的实现并不绝对相关。

《朱斯蒂娜》这部小说在欲望、征服、野蛮和谋杀的行为中展现出某种类似于真理的东西。人物在完成这些行为时，或在行为前后，为了解释行为或捍卫行为的正当性而做的讲述，应该为真的，正在于此。换言之，应该为真的，是推理；由欲望实施行为推动或欲望实施支持行为的，正是这一理性形式。萨德在文本中始终强调为真的，也正是这个。我认为要正确提出萨德作品中真理与欲望的关系问题，必须以此作为思考的起点。

那么，真理-欲望之间的关系是如何出现的？是以何种形式，在哪一层面出现的？我认为可以两种方式、从两个层面进行分析：首先，从书自身的存在去分析；其次，从人物进行的推理内容去分析。

今晚我想讨论的是第一个问题：书的存在。问题很简单。萨德为什么要写作？对萨德而言，写作行为意味着什么？通过阅读已知的萨德生平片断，我们知道他写过成千上万页文字，数量远远超过保存至今的文本，保存下来的就已经不计其数了。在屡次入狱的过程中，他失去了很多作品，因为一写到纸头上，就被人没收了。比如，他在巴士底狱写的《索多玛的一百二十天》（我想应该是完稿于1788—1789年），就在人们攻占巴士底狱之时被没收了。攻占巴士底狱不好的一面，就是《索多玛的一百二十天》的消失。幸运的是，人们重新找到了这些纸张，但这已是萨德身后事了。为此，萨德忍不住"泣血"，他之所以泣血，是因为他失去了这一文本。所有这些，萨德对写作的执着，在失去一个文本之后的泣血，以及他每次（确切说不是每次，是好几次）出版作品后就会被关押入狱，这些都证明萨德赋予写作以极大的重要性。提到写作，它不应被狭隘地理解为写作行为本身，还包括出版，因为他出版自己的作品，而如果那时恰逢他在狱外，因为出版，他又会立即被重新关押。

　　萨德写作具有严肃性。为什么？我认为对他而言，写作的重要性首先归因于此：首先，他在《新朱斯蒂娜》中多次讲到，他跟读者对话，并非因为他的文字可能激发出读者的欢愉，而是尽管他的小说中可能有对读者而言不愉快的东西，他仍然要跟读者对话。"听到讲述如此恐怖的故事，你们会感到不愉快。贞洁总是遭到惩罚，罪恶总是受到嘉奖，儿童被屠杀，少男少女被肢解，孕妇被吊死，医院整个被烧毁，这些，"萨德说，"听着确实会感到不愉快。你们的情感会感到愤慨，你们的内心会无法忍受，可有什么办法呢，我与之对话的并非你们的情感或内心，而是你们的理性，我只跟你们的理性对话。我要跟你们阐述一个基本真理，那就是罪恶总是受到嘉奖，而贞洁总是受到惩罚。"然而问题在于：当我们阅读萨德小说的时候，我们发现罪恶的嘉奖与贞洁的惩罚毫无逻辑可言。确实，每当贞洁的朱斯蒂娜受到惩罚时，惩罚从来都并非由朱斯蒂娜推理有误、未预见某事、未曾觉察某个现实情况导致的。实际上朱斯蒂娜一直在仔细考虑，但总是会遭遇恐怖的不幸，不幸出自任意和偶然对她进行惩罚。朱斯蒂娜救了某人，就在她救了此人的时候又过来另一个人，把她刚救活的那个人杀死，并且把她带至强盗窝或假币制造者的老巢，等等，诸如此类。总是会有突发的偶然情况，决定惩罚的从来不是行为的逻辑结果。

另一方面，在《朱丽叶特的故事，或罪恶的繁荣》中，情况也是一样：朱丽叶特罪大恶极，最终她落到某个看起来比她更邪恶的人手里，这是个可怕的意大利歹徒，名为"铁臂"。不管怎么说意大利人要能叫作"铁臂"就好了！她将被处死，但最终为何能逃脱死亡？因为思虑周全，因为动脑子，因为机智？不，仅仅因为"铁臂"是她从前好友克莱维尔的哥哥与丈夫。因此问题解决，朱丽叶特没有被处死。在这种情况下罪恶蓬勃发展，并非源于她行为的逻辑结果，而仅仅源于偶然性。因此是萨德自己安排了一种任意性事件的交织系统。他如此安排的结果便是在他的故事当中，罪恶总是受到嘉奖而贞洁总是受到惩罚。不过如果我们以另一种方式重新安排事件的话，也会有同样的结果。因此涉及的绝对不是罪恶或贞洁的理性本身，以至于当萨德对我们说，"我与之对话的并不是你们的内心，而是你们的理性"，显然他是在欺骗我们，对此他并不当真。

因此，当萨德声称要进行这一阐述，要跟我们的理性对话，而实际上他的叙述完全针对其他东西，那么他究竟意欲何为？我认为，要理解萨德作品中写作的功能，必须参考我接下来引用的一段文本。我认为这是《新朱斯蒂娜》故事中唯一一处关于写作行为的文本。在这段文本中，朱丽叶特对一位女性朋友讲话，此人已相当放荡，然而放荡得还不够彻底。她正在进行最后的学习，即将跨越放荡的最后阶段。接下来就是朱丽叶特给予她的建议：[1]

您要禁欲整整半个月。

坚持用其他事来消遣玩乐，直到第十五天，在此期间不要产生丝毫放荡的念头。在最后一天漆黑的夜里，

① 选自《萨德作品全集》第四卷，巴黎，1947—1972年。(Marquis de Sade, *Œuvres complètes*, Paris, Jean-Jacques Pauvert, 1947—1972, vol.4, p.56-57.)

您要宁静地、安静地独自躺下。您开始回想起在这段时期自我禁止的一切，并给予想象充分的自由，程度由低到高地去想象各类放荡行为。不放过任何细节。依次从头脑中经过。要坚信整个世界都是属于您的，您有权改变、损伤、毁坏、撼动任何人或事。您无所忌惮。选择任何一个想要取乐的对象。没有任何例外，不豁免任何东西。不对任何东西特殊对待。您不受任何关系的约束，不受任何禁锢。让您的想象游历各种考验，注意动作不要操之过急。要让您的手跟着头脑而不是跟着情绪在走。不知不觉，在眼前闪过的所有那些画面中，有一个比其它画面都更有力地攫取了您的注意力，力度如此之大，以至于您既不能驱赶也不能替换它。通过这一方法获得的念头会牢牢占据您的头脑并让您沉迷其中。您的感官会陷入狂热之中，以为确实身在其中。您会像梅萨莉娜①那样得到宣泄。这时点燃蜡烛，将刚才让您燃起激情的放荡行为记下来，切勿忘记浓墨重彩地去描绘细节。写完可以入眠了。次日清晨重读前夜笔记。重新开始之前的操作，原先那个念头已经让您高潮过了，

---

① 梅萨莉娜 (Messaline)：以淫荡著称的古罗马皇后。——译注

想象力已经感到有些乏味，需要再想象一些能增加刺激性的东西注入其中。这时要让这个念头形成书面表达，完成之后再往里添加头脑会想出来的新片段。然后动手实施，您会发现这就是对您来说最好的放荡行为。

正是这段文本向我们清晰展示了一种对写作的利用。你们看到这是一种完全清晰的对写作的利用。这是一种典型的手淫过程。一开始任由头脑去想象，达到第一次高潮，然后写作，睡觉，重新阅读，再次进行想象，再次进行写作，然后正如萨德所言，就像对照一份菜谱，"动手实施……"关于这段文本，我认为应该注意三点。首先，你们看到在此处，写作远远不是萨德在别处所声称的理性交流工具（他说："我写作完全不是为了跟你们的感觉、想象或内心进行对话，而仅仅是为了跟你们的头脑进行对话，为了说服你们。"），你们看到，写作远远不是作为一般理性工具，而仅仅作为一种纯粹的个人幻觉工具、辅助剂和协助而出现。这是一种将色情幻想与性行为结合在一起的方式。文中写得很清楚，这是一种纯粹个人的方法，因为会实现一种对你个人而言最合适的放荡。因此，在一种幻想的构成中，在一种性行为的构成中，写作纯粹仅是一种从幻想到实施的中间步骤。

我们能注意到的第二点在于,这一幻觉写作、纯粹色情写作的方法,很可能经过了萨德自己的试验,很可能他正是按照这种方法实际创作了他的小说。朱丽叶特解释的这些,很可能便是萨德在四十年监禁生涯中所做的,是他每天从早到晚所做的,当然实施的过程除外。他在这里描述的这种写作,正是他自己作品的写作,是他孤独迷狂的写作。

我们应该注意的第三点是,这一关于写作角色的描述,我们会发现被相当忠实地转移到另一个文本中了,这另一个文本完全是公开的,没有受到查禁,题为《关于小说的观点》(*Les Idées sur le roman*)。他在文中说(他也如此证实了这一文本,同时也证实了自己的写作实践),他说小说家应该按照以下方式来实践:首先,好的小说家应投身于自然,如同某个人将母亲当作情人,扑向母亲的身体。因此作为自然之子,小说家与母亲进行了乱伦,他沉湎于自然–母亲,如同我们在这儿看到的人物沉湎于想象。然后,一旦扑向自然深处,小说家就会进行写作,并且他在写作时会微微打开他所得到的身体。你们看到,这儿的性意象是很明显的。这时,他写道,在插入、微微打开这一身体之后,小说家不应该再受任何禁忌的阻拦与限制,萨德对小说家说道:"当你为了给我们带来欢愉而不得不打破这一束缚,请任意使用你的权利来损毁一切历史细节。"因此，自然提供一些真理，一种历史；作为给儿子带来欢愉的母亲，它提供一些基础，然而这些基础，小说家应该系统性地进行改变、重组，他应该感到自己是绝对的主人，恰如同刚才那段描述的那样，从他起初得到的母性的、乱伦的总体想象开始；浪荡子运用想象来改变和增加意象。然后，《关于小说的观点》中说道，你会得到一份草稿，一旦这份草稿出现在纸上，努力去延展它，不要为它似乎给你的限制所约束，超越你的计划，去改变，去增加。《关于小说的观点》这段文本中，你们看到跟我们之前提到的性幻想对等的过程，因为一旦草稿出现在纸上，要重拾它，进行加工，将想象运用于这份草稿，正如同在性幻想的次日早晨，浪荡子重拾前夜写就的文本，重新阅读，重新誊写，并往里添加想象出的一切细节。《关于小说的观点》是如此结尾的："我只要求你一件事，那就是将兴趣保持到最后一页。"

你们在这儿看到，最后一页扮演的角色类似于之前那一段中现实所扮演的角色。换言之，这两段关于写作的描写，关于幻觉写作的描写以及萨德在《关于小说的观点》一书中给出的写作建议，这两段描写有着绝对的对称。过程都是一样的，仅有的两个区别在于：在朱丽叶特的幻觉情景中，首先给定的是想象之自由；而在《关于小说的观点》中，给出的是自然。第二个不同点在于，在朱丽叶特的幻觉情景中，最后提到的是现实（"动手实施"，萨德说道）；而在《关于小说的观点》中，说的是如此抵达最后一页。这两个区别我们会再提到，除此之外两个过程是一致的。萨德认为写作小说的方式——很可能他自己写作小说的方式——与他在此所建议的用写作来满足性幻觉的方式是一致的。因此，我认为不要再抱有什么错觉，很明显萨德的写作完全不是他小说中所声称的那样，完全不是从理性出发跟听众的理性进行对话的某种理性的东西；它完全是另外一回事。萨德的写作，是一种性幻觉，在这个意义上而言，我们又面临以下问题：写作跟真理之间会是什么关系呢？如果只是将纯粹简单的性幻觉写到纸上，怎么能声称在言说真理呢？当萨德玩弄写作如同玩弄想象，或者说他玩弄写作为了更好地玩弄想象，当他有意无意地说他在跟我们言说真理，他是否在欺骗我们？他是否仅仅是、纯粹是在愚弄我们？

我认为应该更仔细地去研究那段文本，我刚才给你们读的那段文本。在那篇文字中，写作实际上究竟是如何运作的？

首先，写作充当想象与现实的中间因素。萨德，或者说文本中的人物，一开始就给出可能的想象世界这一整体：他去改变这一想象世界，超越限制，推翻界限，即使认为什么都已经想象过了，还是要去超越，他要反复重写的正是这个。仅仅在某一次写完之后，他才抵达现实，才抵达这句著名的"动手实施"，好像当他幻想屠杀了万名儿童、烧毁了百座医院、引爆了火山之后，很容易去实施这一切。因此，写作是将幻想引领到现实的这一过程、这一时刻，但实际上写作将现实推至不存在的边缘。写作是对想象的延展，让想象繁荣，超越想象的界限，将现实缩减到几乎不存在，文本中用"动手实施"来表示。写作，可以说将现实原则推至想象的最远边界。或者说，通过不断将认知时刻推至、挪到想象之外，通过不断进行想象，延迟现实时刻，写作最终取代了现实原则。得益于写作，想象不再需要跨越直到此时对它而言必不可少的那一步——现实。写作会使现实变得跟想象自身一样的不现实。写作取代了现实原则，宽恕了从未抵达现实的想象。

因此写作的第一功能在于取消现实与想象的界限。写作驱逐了现实，因此放松和消除了想象自身的一切限制。得益于写作，从此，我们将拥有一个完全受享乐原则支配、再也不用面对现实原则的世界（用弗洛伊德的话来说）。

第二，如果我们一直参考这段文本，会注意到写作恰好处于两次性快感之间。确实，文中说道想象运动应该有技巧地去引导和增强，直至第一次性快感，仅仅在这次性快感之后才开始写作；然后安然入睡，次日清晨，重新阅读。并且，萨德跟我们说到，一切都可以重新开始，在性幻觉内部，写作承担一种重复原则的角色，也就是说，得益于写作，得益于这一写出来的东西，我们首先能够回到之前梦想的东西，我们能在想象中一再重复这些东西，并且，通过在想象中进行重复，我们能从反复的想象中获得已发生之物的重复，那就是快感的重复。

写作，是重复快感的原则。写作，是重新-享受（re-jouit）或者说是再来一次的可能。写作的享乐主义，作为重新-享受的写作，因此得到显著表现。传统上，在18世纪古典文学理论中，所有那些表现写作兴趣增长原则的东西，以及人们总是以保持住兴趣的方式来进行讲述这一事实，对于这些，实际上萨德都赋予了最彻底最寡廉鲜耻的性原则和性根源，也就是说将写作视为性快感永恒的重复。因此，写作能够消除时间限制，消除枯竭、疲惫、衰老与死亡。从写作开始，一切都能永恒地、无尽地重新开始；疲惫、枯竭、死亡永远不会在写作的世界里勾勒出自身轮廓。我们刚才见到，写作消除了享乐原则与现实原则的区别。因此写作的第二大功能在于消除时间的限制,解放重复。我们将处于重复的世界里,这正是为什么在萨德小说中,我们会无休止地看到同样的故事在重复,同样的人物、同样的姿势、同样的行为、同样的暴力、同样的言语、同样的推理,因为在这写作的世界里,再也没有时间限制,在朱丽叶特的故事结尾,最后一卷结尾语是这样的:"又过了十年,我们的人物经历了跟你们刚才读到的相似遭遇。"然后朱丽叶特在世间消失了,并且我们不知道是如何消失的,她没有消失的理由,因为总而言之我们处在一个重复的世界;一切都应该无尽地重复,说到底不可能朱丽叶特真的死了。

第三点,如果我们一直研究这段文本的话,会发现写作扮演的角色,并不仅仅在于引向快感的无尽重复,同样也在于超越,在于让想象超越自身界限:"这时点燃蜡烛,将刚才让您燃起激情的放荡行为记下来,切勿忘记浓墨重彩地去描绘细节。写完可以入眠了。次日清晨重读前夜笔记。重新开始之前的操作,原先那个念头已经让您高潮过了,想象力已经感到有些乏味,需要再想象一些能增加刺激性的东西注入其中。"

因此,写作在重复,同样也在无尽地增加与繁殖。这种重新写作,这种写作—阅读—重新写作—重新阅读……,使得想象的疆域不断向远方延展，每写一次，就会跨越新的限制。写作让一种无尽空间在它面前打开，它看到在这空间里，各种意象、欢愉、放纵不断增多，却从不会面临任何限制。因此，写作是对于现实而言欢愉的无限，是对时间而言重复的无限，同时它还是意象自身的无限，是限制自身的无限，因为所有的限制都被一个个超越了。从来没有哪种意象是最终稳定不变的，从来没有哪种幻想能截获欲望，在一种幻想之后总是有另一种幻想，因此，写作给我们保证的是对幻想限制的消除。

写作的第四种功能，文本中已经写出来了："然后动手实施，您会发现这就是对您来说最好的放荡行为。"也就是说，写作消除了幻想的限制，消除了时间中重复的限制，通过这一方法，写作使得这个人能相对于其他人、相对于一切行为规范与习惯、相对于一切法律、相对于一切被允许和被禁止之物，他能够获得最大限度的偏离，能最大限度地拉开距离；也就是说，被如此想象出来、被写出来、被推至尽头、被推至这尽头极限之外的行为，这一行为，无论是否被实施——这无关紧要，因为写作已经使得差别丧失意义——都让这个人处于如此不可能之点，以至于他会成为最大程度的离经叛道，最大限度的偏离，跟任何人再无任何共同点。因此，作为这一运动的动力，写作是过度与极端之原则：它不仅让这个人与众不同，而且让他处于一种无可挽救的孤独之中。从那一刻起，萨德在其他很多文本中说道，当主体、个人设想这一绝对可怕或绝对不可能的行为时，当他已经实现这一行为时，他再也无法后退：任何内疚、懊悔、弥补都不再可能。从这一行为开始，这个人绝对彻底成为罪犯，任何东西都无法消除犯罪事实，也无法消除作为罪行的个体。因此，写作是起源，从这一起源开始，无论如何，罪犯成为罪犯。写作建立最后一次放纵，从这一刻起，从它将个体置于极点之时起，我们实际还能够谈论犯罪吗？如果没有悔恨，如果个体无论如何都无法弥补他犯下的罪行，如果任何惩罚都无法实际施加于他，如果他在意识里并不承认自己是罪犯，那么，犯罪也就消失了，个体在他自己以及他人眼中，将不再作为一名违法罪犯，而仅仅作为一名特别奇怪的人而出现、突现，这个怪人跟他人没有联系，犯罪消失，取而代之的是在萨德作品中一个中性的概念：非常规（irrégularité）。

如此，写作不仅已经消除了之前我们提到的一些界限，现在又消除了最后一个界限，那就是罪与无罪之间的界限，允许与禁忌之间的界限，它将我们引到非常规的无尽世界里。此时我们能更好地理解萨德在说这句话时的意思："我写作是为了言说真理。"确实，言说真理对萨德而言，显然不是为了以18世纪小说家们的那种方式言说某种真实的东西，这一点我们已经达成共识。言说真理，对萨德而言，意味着建立欲望、幻想、色情想象，跟真理的关系在于，再也没有哪种现实原则能反对欲望，能对欲望说不，能对它说："有一些东西是你无法得到的。"能对它说："你弄错了；你只不过是幻想和想象。"从写作完全遵从欲望、建设与增强欲望，同时将现实原则推倒的那一刻起，对幻想的证实就再也不可能了；也就是说一切幻想都成为真实，想象成为它自身的证实；或者说，唯一可能的证实，是超越一种幻想并找到另一种幻想。

第二，写作使得欲望进入到真理秩序中，因为随着写作不断消除时间的一切界限，并因此使得欲望进入到重复的永恒世界。欲望不再是存在于某个特定时刻然后消失的东西；得益于写作，欲望不再是存在于某时并在那时真实，然后变得虚假的东西，它不是在临死时暴露幻想本质的东西，因为不再有死亡，因为不再有生命尽头，因为我们永远处于重复之中；由此，对时间限制的取消，对重复世界的建立，将保证欲望永远是真实的，保证没有任何东西能消除它。

第三，写作将欲望引至真理世界，这是因为它为欲望消除了可接受与不可接受、被允许与不被允许、道德与不道德的一切界限和一切限制，也就是说写作将欲望引至无限可能、总是不受限制的可能空间。写作使得想象和欲望除了自身独特性之外再也遇不到其他东西。从某种程度而言，它使得欲望总是能够与它自身的非常规性齐高，从来没有什么能抑制或拦住它。欲望总是与它自身的真理处于同一平面，相处自然。写作引起的所有这些不受限制的情形，其结果便是，欲望将成为它自身的法律；它将成为一个绝对的主宰，掌控自身真理、自身重复、自身无穷、自身的证实请求。再也没有什么能对欲望说"你是虚假的"；再也没有什么能对欲望说"你不是总体（totalité）"；再也没有什么能对欲望说"你有你的梦想，但你会遭遇阻挠"；再也没有什么能对欲望说"你体验这个，可是现实向你建议其他东西"。得益于写作，欲望已经成为，已经彻底进入到总体的、绝对的、无限的、无外界争议的真理世界。

就此而言，你们看到，萨德的写作不具有向某人传递、强加、暗示另一人观点或情感的特征；它绝不是要说服某人来相信某种外部真理。萨德的写作实际上是一种不跟任何人对话的写作。不跟任何人对话，某种程度上在于不去说服任何人相信萨德头脑中可能怀有的或他可能认知到的或承认的，一种可能使读者和作者同样敬服的真理。萨德的写作是一种绝对孤独的写作，某种意义上而言，任何人都无法理解它，任何人都无法被它说服。然而,对萨德而言,绝对必须要让这些幻想经过写作,经过写作之物质和坚实的一面,因为如同我们对朱丽叶特文本的讨论,正是这一写作,这一物质的写作,由投放到纸张上的符号构成的写作,我们能够阅读、修改、重新再来,能够无尽重复这一过程的写作,正是这一写作会将欲望置于完全没有限制的空间,在这个空间,外部、时间、想象的界限、禁止与允许都彻底完全被取缔了。因此,写作仅仅是欲望,这一欲望最终已经通向不受任何限制的真理。写作,是成为真理的欲望,是以欲望形式出现的真理,重复的欲望、无限的欲望、没有法纪的欲望、没有限制的欲望、没有外部的欲望,是以这种欲望形式出现的真理,是对于欲望而言外部的取消。也许这正是写作在萨德作品中实际完成的东西,这正是萨德写作的原因。

第二场

　　之前我们已经看到萨德使用和写作幻想的原因，看到从萨德写作的层面而言，欲望、幻想、梦幻、色情幻觉之间的关系是什么。现在我们要稍微改变一下分析点。我们看到在萨德的文本中，理论话语和色情场景很有规律地交替出现（萨德小说中对同伴和人物所有那些性行为进行解释和描写的段落，我接下来会称为"场景"，那些以钟摆一般的精确性，与色情场景交替出现的长篇理论，我将称为"话语"），我们要去分析的并非萨德赋予这些话语的意义，而是话语和场景交替出现的意义。总而言之，我是从这一问题，从话语和场景的交替问题开始出发的。这种交替，不仅明显可见，而且纠缠不休：以一种机械性的规律，每个场景随后都会跟着一段话语，而同样，每段话语后面又会跟着一个场景，这种交替贯穿《朱斯蒂娜和朱丽叶特》①十卷之始末。在《索多玛的一百二十天》中，交替机制是提前就组织好的，因为一天当中有些时间是明显留给话语的，而其他时间专门留给色情场景。这一交替原则意味着什么？我要研究的正是这一主题。

---

① 指的是《新朱斯蒂娜》。

脑海中浮现的第一个念头或者说解释明显是很简单的。毕竟，与色情场景交替进行的这些话语之所以出现，难道不是为了说出这些色情场景的真理吗？场景表现事情、行为；行为方式体现性的戏剧性、舞台性，话语在此后或此前出现，来解释发生的事情，来说出真理，来展现、证明在之前或之后段落里所写之事的正当性。然而，只要我们对这些话语稍加注意，就会发现惊人之处，那就是萨德从不试图解释什么是性；例如，一个人怎么会对自己母亲产生欲望？一个人怎么会是同性恋？为什么会产生杀戮儿童的欲望？等等。最终，一切可能在心理学或生理学层面，或只是用一种自然主义的解释，来说明实际被讲述之物的东西，一切可能用真实解释的术语来标注场景形式的东西，所有这些，在萨德的话语中是完全看不到的。萨德的话语谈论的不是欲望，不是性，性和欲望不是他话语的对象。萨德话语的对象是其他东西。关于上帝、法律、社会契约、一般意义上的犯罪，关于自然、灵魂、永生、永恒。萨德话语中出现的正是这些对象。至于欲望，并没有作为对象出现在这些话语里。然而另一方面，在这第一个注意点之外，正是这第二个注意点将作为我们研究的出发点：不作为话语对象的欲望与话语自身之间，存在一种明显的联系，这种联系几乎是生理性的，因为萨德的话语要么在场景之前，要么在场景之后产生。如果在场景之前，话语可以说搭建了场景即将展开的舞台。例如，在《朱丽叶特》结尾讲述了对小芳丹的强奸。芳丹是个小女孩，被委托给朱丽叶特，朱丽叶特先掠夺了她的财产，然后剥下她的衣服，强奸并杀害了她。在这场景之前有一段长篇大论，关于社会契约，关于人与人之间的义务关系，关于能将个体联系在一起的义务多多少少的强制性。这段可以说是场景即将上演的理论舞台，因为小芳丹被母亲委托给朱丽叶特，后者承诺要好好照顾她，保存她的财产，给她嫁个好人家，这些朱丽叶特当然没有做到。这段长篇大论作为即将上演戏剧的理论舞台，可是在这段结尾发生了什么呢？那就是仅仅因为话语本身，而这话语只是关于一般责任、互相义务、契约、立法、犯罪等，在这纯粹理论的话语结尾，谈话各方，正在讨论中的人，都达到了一种如此高昂的性兴奋点，仅仅因为这种理论讨论，他们就自然做出了我们看到发生的一切（他们在谈话时并没有去幻想，因为谈话完全是抽象的，围绕着法律之类的主题），仅仅通过这种理论讨论，他们就能达到最大程度的性兴奋。

在其他章节中，话语不在场景之前，而在场景之后进行。先发生了某事（布雷萨克强奸了自己的母亲），然后有一段话语来解释，比如，家庭关系为何以及如何不被严肃对待。有关于家庭的长篇大论快结束的时候，仅仅因为这种理论话语，人们又达到了性兴奋的顶点，以至于他们不得不重新去做刚才做的一切，因此我们看到相对于欲望而言，话语的功能在于充当欲望的动力和缘由。可以说话语在运行机制层面和欲望联系在一起；话语的运行导致了欲望的运行，当欲望运行至终点时，话语重新启动，从某种程度上而言重新激发欲望，结果欲望和话语在内部运行层面紧密联系在一起，而欲望并不出现在话语里。因此萨德的话语并不是关于欲望的话语，而是跟欲望联系在一起的话语，是紧随欲望出现的话语，是在欲望之前或之后出现的话语，是在欲望出现之前或在欲望消失之后代替欲望出场的话语，是充当欲望的话语。因此话语和欲望发生在同样的场域，互相引发，话语并非凌驾于欲望之上来说出欲望的真相。也就是说话语并非为了言说欲望的真相，而是跟欲望互相引发，真理与欲望根据一种运作机制互相引发，我要展开来讲的正是这一主题。

　　因此便有了第一个问题：我们在这些话语里能发现什么？这些话语说了些什么？说到底说的是相同的东西……不是某样相同的东西，而是四样相同的东西。萨德的话语贯穿《朱斯蒂娜和朱丽叶特》十卷始末，也贯穿于《索多玛的一百二十天》始末，同样也贯穿于他其他一切作品始末，这些话语讲了四样相同的东西。如同一个四面体，不断被人物抛来抛去，有时落在这个面上，有时落在那个面上，有时，一段话语会让四个面接连滚过去。这四个面很容易确定。每个面都是对一种不存在的评定。

第一面，整个四面体的基础，当然是这个：上帝不存在。上帝不存在的证据在于上帝完全是矛盾的。人们说上帝是全能的，可他的意志怎么会每时每刻被人类意志动摇呢？因此他是无能的。人们说上帝是自由的，但实际上人类有足够的自由不去做上帝要做的事情，因此上帝是不自由的！人们说上帝是善，但仅需看一眼这个世界的样子，就会发现上帝不是善，而是恶。因此第一个评定是上帝不存在，因为他是矛盾的。

第二个评定：灵魂不存在，因为灵魂也是矛盾的。确实，如果灵魂跟身体联系在一起，如果它遵从身体，如果它能被欲望或激情入侵，那就意味着它是物质的。如果它跟身体一同诞生，如果它跟身体同时出现在世间，那么它就是物质的。但若如此，那就意味着它不像我们所说的那样是永恒的，也就意味着它是会消亡的，如果灵魂犯下一个罪行就是有罪的，这个罪行怎么会在某一天被原谅从而让它变得纯洁无罪呢？反之，如果灵魂果断地去做它做的事，又怎么会受到惩罚呢？等等。一系列的矛盾，所有这些矛盾都趋向于指出灵魂自身是矛盾的，因此灵魂不可能存在。

第三种对不存在的评定：犯罪不存在。确实，犯罪只相对于法律而存在；没有法律的地方就没有犯罪。只要法律不禁止某个行为，这个行为就不可能作为罪行而存在。然而，法律如果不是某些个人为了自身利益设立出来的东西，法律又能是什么呢？如果不是某些个人为了自身利益进行的密谋之体现，法律又能是什么呢？如果犯罪仅仅是反对某些人的意志或最多是反对他们的虚伪，我们又怎么能说犯罪是恶呢？

第四个对不存在的评定，是自然不存在，或更准确地说是自然存在，如果说它存在，它从来都是以毁坏的方式，以消灭自身的方式而存在。实际上，自然是什么？自然，是产生生命的东西。然而，什么是生命的特征？如果不是死亡还能是什么呢？死亡，或者说衰老这一自然宿命，证明自然做不了其他事情，它只能自我毁灭。或者，死亡来自其他个体的暴力，而其他个体及其暴力、邪恶、贪念、食人性也是由自然所创造的。所以，还是自然在自我毁灭；因此，自然总是一种自我毁灭，而每个人出于天性，都力图自我保存。自然在每个人身上都标上了"自我保存"这一需要的印记；然而，如果生物的自我保存是自然法则，又怎么会有个体死亡——或因自身死亡，或因他者死亡——这一自然法则呢？因而我们会发现，在生物自我保存的需要和注定死亡的命运中，有某种东西在自然最核心的部分挖出矛盾的空洞，自然就消失于其中。

因此是这四种不存在的主题：上帝不存在，灵魂不存在，犯罪不存在，自然不存在。正是这四个主题，以不同的面貌和不同的结果，从它们的一切假设出发，被无尽重复和贯穿于萨德的作品当中。然而，这四个主题恰好定义了我们可称为萨德式的非常规存在。确实，从萨德的意义上而言，什么是一个非常规个体？是这样的一个人：他一次性认可这四种不存在的四重原则；拒不承认任何凌驾于他的威权，不承认上帝，不承认灵魂，不承认法律，不承认自然。这样的一个人，他跟任何时间、永恒、不朽、义务、连续都没有关系，他不仅超越自己的生命时刻，也超越自己的欲望时刻。非常规存在，是不承认任何规范的存在，不承认源自上帝的宗教规范，不承认由灵魂确立的个人规范，不承认由犯罪定义的社会规范，也不承认自然规范。最后，非常规存在，是不承认任何不可能的存在；如果没有任何上帝、任何个人身份、任何自然属性、任何源自社会或法律的人类限制，那么可能与不可能就不再有任何区别。

说到底，非常规存在，也即朱丽叶特的存在，也即萨德作品中主人公的存在，是超越一切规范、一切时刻断续重启、一切皆有可能的存在。以上是对这些话语的第一个发现。因此，这些话语包含了定义萨德式人物非常规存在的四个否定主题。

由此，我们可以就这些话语的功能提出问题。这些话语用途是什么？为什么要以四个否定主题出现？为什么要介入进来？它们扮演怎样的角色，又是如何通过一种运行机制跟欲望联系在一起的？话语在结束时引发的人物性兴奋既是这一运行机制的效果，也是这一运行机制的象征。在此，我想做出假设，提出、分离出萨德式话语的五种功能。

第一个功能很清楚，很明显，充满意义。这些话语出现在狂欢与放荡前，出现在罪行之前。为什么？为了让人物不放弃他的任何欲望，为了不让任何他欲求的对象逃走。话语在第一个功能的框架下，发挥以下作用：一、取缔一切限制，取消欲望可能会遇到的一切限制，以便让人物不放弃他的任何欲望；二、让人物从不牺牲任何个人利益，从不为了他人利益牺牲自己。换言之，我的欲望应该得到彻底的满足；我的利益应该永远摆在第一位；我的存在应该得到绝对的拯救。

萨德人物在狂欢场景之前重复的正是这些,他们向自己重复,他们向他人言说以说服、拉拢他人的正是这些:"你将不会放弃你的任何欲望,你将不会牺牲你的任何利益,你将永远把你的生命视为一种绝对。"如果我们稍微看一下话语很简单很明显的这第一功能,我们会发现这里的话语如同哲学话语,如同对四种不存在的冗长阐述,我们会发现这里的话语相当令人吃惊,因为说到底,这是对西方哲学、神学话语功能逐字逐句的推翻。

在西方,话语的角色,或者说神学话语的角色,是阉割的角色。自柏拉图以降,个体身份的确立与建立是通过舍弃自身的一部分而实现的。希腊时代以来的哲学与神学话语概括说来如下:你只有舍弃你自身的一部分,才能完全成为你自己。首先你只有这样,才能被上帝承认,被他命名,被他召唤,成为他永恒的选民;只有当你舍弃世界、身体、时间、欲望,永恒才会说出你的名字。又或者说(还是出自西方这种宗教与哲学话语),只有当你作为个体而存在,并且只有当你放弃你的欲望、你谋杀的意图、你的幻想、你的身体、你身体的法则,你才能在社会上拥有一席之地,才能成为众人中的一员,才能收到一个名字,一个特别的名字,因此才能避免被集体鉴定为罪犯和疯子;只有这样,你才能拥有名字和声誉。 哲学话语、宗教话语、神学话语,是一种阉割话语,相对于这种话语而言,萨德的话语发挥着一种反阉割的功能,他所做的并非超越阉割时刻,而是否认、拒绝、拒不承认阉割本身。他仅仅通过进行简单的否定来形成不一致:萨德的话语否定哲学与宗教话语想要肯定的一切。西方宗教与哲学话语总是以这种或那种方式来肯定上帝、肯定灵魂、肯定法律、肯定自然。萨德的话语否定这一切。相反,西方哲学话语,从这四种基础肯定,从这哲学的四重论调出发,引出否定式的规定:如果上帝存在,你就不该这么做;既然灵魂存在,你就没有权利这样做;既然有法律,你就要舍弃这样东西;既然存在自然,你就不该侵犯它。换言之,西方哲学话语,从四个基础论证出发,从四个基础肯定出发,引出伦理与法律秩序中的否定,引出否定式的规定。西方形而上学在本体论上是肯定的,在规定上是否定的。相反,萨德的话语在于推翻否定,在于否认被肯定的:上帝不存在;因此,自然不存在,法律不存在,灵魂不存在;因此一切皆有可能,在对人的规定方面,再也没有什么会被拒绝。

概括说来有四种类型的话语。首先,无意识话语,如果我们相信弗洛伊德的话,无意识话语完全是肯定的。它肯定东西存在,同时也肯定欲望本身也有欲望;因此是在存在与欲望层面的两种肯定。在另一端会有精神分裂话语,这种话语否定一切。什么都不存在(世界不存在,自然不存在,我不存在,其他人不存在),这种否定包含了对欲望的否定:我没有任何欲望。因此会有完全肯定的无意识话语与完全否定的精神分裂话语。接下来的话语是意识形态、哲学或宗教话语,一方面在真理性上进行肯定(上帝、自然、世界、灵魂是存在的),另一方面对欲望进行否定,"从而,你将没有任何欲望,从而,你将会舍弃"。作为第四种话语的是放荡话语,是意识形态话语的对立面,我们也可以称之为邪恶话语。这种话语否认哲学话语肯定的一切,从而在论点方面进行否定,而在规定方面进行肯定。根据这种话语,上帝不存在,灵魂不存在,自然不存在,因此我有欲望。这就是这种话语的首要功能,自我构建成一种放荡话语,也即一种取代西方形而上学话语内部否定系统的话语,原先那种话语相对于欲望而言,发挥一种重要的阉割功能。

　　萨德话语的第二种功能在于:在萨德的一切文本中,放荡话语显然是由萨德的正面人物持有的,也即由放荡者本人持有。但如果不是发言者,而涉及话语对象,对话者,那么在很多时候对话者就仅仅是未来的受害者。对未来的受害者会这样说：上帝不存在，如果你相信这个真理的话，你就能躲避酷刑。然而奇怪的是，从来没有哪个受害者会被说服，宁愿冒着近在眼前的危险，也对这种话语置若罔闻。然而，这种话语在萨德的精心设计下，不仅结果完全正确，而且论证极为缜密，萨德不停重复说，只要人们稍加留意，就不可能不被说服。然而，在小说中，似乎完全没有显现这种说服力，因为在萨德的所有作品里，我们从来见不到任何人被说服。实际上，对话者，萨德的话语对象，也许是些受害者；话语把他们当成靶子，而并没有当成真正的对话者。真正的对话者，是在场或不在场的另一个对话者，由于原先就已认可一些基础假设，现在更加信服了；再者，在前几页，这另一个对话者就已经发表过相同的话语。由此形成这一局面：话语把受害者当作靶子，把另一个已经信服的放荡者当作对话者。因此萨德的话语行使的并非说服功能，而是另外的功能。话语确实是一个放荡者向另一个放荡者发出的。

再者，如果受害者被说服的话会很无聊，因为他们就不再是受害者了，不再被玩弄，因此他们必须不被说服，话语必须不具备说服功能；话语因此是对其他放荡者发出的，可这是为何？既然他们都已经是信服的？我认为这种话语主要充当徽章的角色，在某种程度上充当一种辨认标记；说到底是为了在放荡者和受害者之间做出区分。确实，二者择其一：一个人要么承认那四个论点，四个基本否定，成为放荡者；要么不承认所有的四个论点，不全部承认，他不承认其中一个，哪怕仅仅是一个，他就不是一个真正的放荡者，就会被扔到受害者那边去。因此，四大话语在某种程度上充当符号、考验、区分手段，用来探明某人属于受害者还是应该被归入放荡者一类。你们发现这些著名的话语经常是作为一种测试展开的。比如食人巨人曼斯基，当他遇到朱丽叶特时，问了她好多问题。他问道："你是不是不信上帝？""当然不信。"朱丽叶特回答。测试通过，曼斯基认可朱丽叶特是放荡者，跟他一样的放荡者，因此朱丽叶特不会遭到强暴。当然，她会受到一些折磨，但不会被杀死，不会被吃掉。因此她被归入放荡者一类。

其次，仍在这一范畴里，放荡者彼此辨认这一总体功能当中，存在第二种功能版本，也即放荡者彼此设置陷阱，想要知道对方是否一直保持同样的放荡程度。他们互相设置陷阱，互相设置各种测验；他们玩弄各种理论剧情。我们不妨再来看一看《朱丽叶特》最后故事之一，关于小芳丹的故事情节：朱丽叶特跟努瓦瑟重逢，她不知道对方是否还保持原先的性情，是否还是放荡者。因此，她对他说："我刚迎来小芳丹,她母亲把她交给我照顾,还给了她一大笔财产。我决定要把她的财产还给她,就像我跟她母亲承诺的那样,为她举行盛大的婚礼。"此时努瓦瑟感到震惊,心想朱丽叶特变了,他开始蔑视她;朱丽叶特见努瓦瑟仍保持同样的性情(因为他对这些善良的情感感到不安甚至气愤),便放下心来。她意识到努瓦瑟仍保持相同程度的放荡;两个放荡者顿时互相辨认出来。他们都没有落入对方设置的陷阱里。

设置陷阱具有很大的必要性,因为这四个论点,不应被视为一种教义的四个条目,只要信了该教义,也就同时信了这四个条目;这甚至不是一种完美结论的必定结果。这四个论点说到底是伦理任务,一个放荡者,甚至一个极为放荡的放荡者随时都可能抛弃其中一个论点,因为要做到维持全部四个论点,要强烈信守全部四个论点而不放弃其中任何一个,这是相当艰难的。在朱丽叶特的故事中,确实有一些放荡者曾信守四个论点又放弃了其中一个,而不再成为真正的放荡者。比如,有一个让人印象深刻的家伙,名叫高德利,小说中描述了相当骇人的一幕:他强暴了自己的女儿,杀死并煮食了她。高德利因此表现得像一个超级放荡者,在这一幕之后,他退隐到一间小屋里。朱丽叶特通过窥视发现,高德利在悔恨自己的所作所为,他在向上帝祈祷,如果上帝存在的话,请上帝原谅他刚才的行为。因此高德利抛弃了第一个关于上帝存在的论点。因此，他不是一个真正的放荡者，他就完全不再是放荡者，轮到他自己成为受害者。圣封这个人也是如此。他在一段时期里一直信守四个论点，后来却放弃了其中一个，不是关于上帝不存在的，而是关于灵魂不死的。圣封做了这件事：在其中一个受害者即将死亡的时候，他把这个人带到一间特殊的屋子里去，并在那儿让他说出了最可怕的渎神话语，以至于若灵魂永恒不死的话，这个灵魂会永远遭受地狱的刑罚。圣封说道："这是个值得欣赏的酷刑，因为如果灵魂不死的话，我敢肯定，我的受害者不仅在此生会遭受足够的痛苦，在接下来的永生里也会受到同样的折磨。"因此这是刑罚的顶点。朱丽叶特和克莱维恰当地指出，只有当灵魂不死，这一刑罚的永恒性才是可能的；这也就证明圣封抛弃了灵魂可灭的论点；因此圣封应当遭受惩罚……这也正是为什么他最终成了努瓦瑟的受害者。因此话语具有徽章、辨识、区分、测试、永远更新的测试的功能。

　　这一区分功能是极为重要的。我认为它包含两个系列的结论。这一功能肯定四个论点，对这些不断重启的话语之认可，能够让两类人区分开来：一类可称为受害者，换言之也即落在话语之外的个人，这些人在话语之外，从未也永远不会被说服。这些人仅仅因为在话语之外，就要成为无尽对象，也就是说放荡者的欲望将无尽地追逐他们，追逐他们身体的每一部分，追逐他们的每一寸人体组织，追逐他们的每个器官。当然，强奸只不过是第一步，只有当萨德人物的活动已经抵达人体组织的最深处时才会停止，当一个人被强奸，被分割，被切成碎片，当他的内脏被扯除，心脏被吞食，当身体内部被彻底掏空，当身体再无任何完整之处，这一切才能终止；这是一个人的欲望对话语之外的另一个人身体的无尽切割。换言之，如果你落在话语之外，你的身体就将成为无尽的欲望对象，也就是说成为无尽的迫害、分割、分解、切割对象；这是对话语之外的人身体的无尽分解。一旦处于话语之外，身体就会丧失统一性，不再具有组织，不再具有统治力；身体不再是一个整体，并因此成为欲望的一切可能对象之无穷集合，在另一个人的暴力面前，这些对象增长、繁复、消失。以上所讲的是关于受害者。

对立面是放荡者及其同伴，也就是说是那些在话语内部的人，那些认可四个论点的人，那些始终处于四个论点内部的人。那些人会面临什么？他们的身体会有什么样的遭遇？首先，他们不会死亡。放荡者之间达成共识——一旦他们辨认出某人是放荡者，是信守四个论点的人，就不会杀死这个人。

相反，放荡者们可以使用他的身体，他甚至应该出借他的身体，但他完全是以另外一种方式来提供身体的。他会给出他的嘴、他的性器官，他会给出身体的这个或那个部分来取悦同伴，但可以说身体总是以器官为单位来出借的，并且必须要归还。如此来使用放荡者身体的这个人，也即另一个放荡者，如果需要，也必须出借自己身体相似的、对等的或其他部分；总之，这是一种非无尽的分解（不像受害者那样），而是一种器官分解。在四个论点话语内部，放荡者对另一位放荡者而言，并非如同受害者那样的无尽对象，我称之为一种基础对象。因此话语可以用来区分欲望对象，一种是无尽对象，被无尽地残害与分解，另一种是基础对象，会被分割，但是根据一种人体组织学，以保存身体和生命完整性的方式进行的。放荡者不会因为出借了身体而死亡，但受害者在这种无尽分割下总会死亡。因此话语的第二种功能在于区分两种类型的色情对象：同伴型对象或称为基础对象，受害者型对象或称为无尽对象。

你们立刻会发现，这儿产生了第二组结论，该结论又导致了两个相当艰巨的问题。在话语的第一功能里，借助于第一功能，我们能将限制欲望的一切分离出去；然而现在这第二功能，通过区分两种类型的对象——受害者和同伴——引入了一种限制，准确说是两种限制，因为一方面，受害者型对象，或者说无尽对象，最终一定会消失，会死亡，会被无尽分解，最终消失殆尽，会出现这样的时刻：我对这个受害者的欲望受到消失的限制，消失的受害者将不再能满足欲望；而在另一方面，我有权触碰同伴，从这个意义上而言，我可以借用他一部分身体，然而我无权杀死他。在犯罪社团内部，第二条规定是：社团内部允许盗窃，但谋杀只能在权力的核心圈里进行，这是关押受害者的地方。在那儿，谋杀是允许的，但在放荡者内部，不可以有谋杀；当朱丽叶特离开曼斯基在意大利的城堡时，她在那儿曾既是囚徒也是女王，有人建议她杀掉曼斯基，跟她说那样做将会多么愉快，朱丽叶特回答说确实会很愉快，但曼斯基是放荡者，因此不能杀了他，她没有这个权利……在此我们看到另一种对欲望的限制。所以限制有两种：如果我要保存欲望对象，就必须使之成为我的同类，对象就必须是放荡者；相反，如果我想让对方成为受害者，如果我想无尽地拥有他，就会杀了他，他就会消失。正是从这一问题出发，我们看到萨德话语的第三个功能出现了，这一功能我稍后会加以命名。

确实，在所有这些话语中，总是有某种极为矛盾的东西。话语以这种或那种形式，来重复这四种关于不存在的论述（上帝、灵魂、犯罪①和自然都不存在）。然而，假设上帝不存在：显然在宗教教育我或禁止我的东西里，没有任何东西是存在的；一切都仅仅是幻想、幻觉、错误等。结果，如果上帝不存在，对坚信这一点的放荡者而言，他还能有任何欲望吗？比如，在教堂做爱的欲望，对着圣餐达到性高潮的欲望。这些欲望还会有吗？如果乱伦、乱伦罪不存在，那么渴望跟某个家庭成员做爱还能有什么快感呢？然而，我们随时能看到萨德的人物在此类行为中体验到最大程度的快感和欲望。我在此以布雷萨克这个人物为例：布雷萨克对朱丽叶特解释说家庭的自然关系说到底不存在。究竟什么是母亲？什么都不是！母亲，就仅仅是一个女人，在某天或某个夜里跟某人做爱，她得到了快感，从这纯粹个人的快感中，产生了生理学结果——孩子的诞生。这个孩子，人们也许要说她哺育了他，但哺育孩子，这仅仅是为了满足纯粹动物性的生理本能或生理需要；最好的证据在于雌性动物都会哺育后代。人们也许要说母性联系不仅局限于此，因为母亲会照顾孩子，关心他们的教育，等等。关于这一点，布雷萨克回答说：这仅仅

---

① 福柯在前文中说的是法律不存在。

出自虚荣；母亲希望自己的孩子成功、博学等，这都是出自虚荣。因此，可以说，如果你们从母子关系的前后发展来考量的话，母亲维系于孩子身上的情感联系，不过是一系列快感（肉体快感、生理需要、虚荣快感），除此以外没有任何东西。从来没有任何东西能建立起母性联系、母子关系的特殊性，能使其神圣不可侵犯。在解释完这些之后，布雷萨克能够说也应该说：归根结底，如果在母子间没有特殊联系，和自己母亲做爱，与跟女仆、表姐或一个陌生女人做爱，并没有任何差别；唯一的差别也许仅仅在于女人的美貌和年轻程度。然而，布雷萨克是个根深蒂固的同性恋，所以，他应该说：总之"我对她的欲望并不比对其他女人的欲望更多"。然而，布雷萨克恰恰为了他母亲，对自己一贯践行的同性恋原则破了例，这也是他人生唯一一次破例，因为跟母亲做爱的想法激起了他如此巨大的性欲，以至于他对母亲实行了肛交。因为是母亲，才对他的欲望发挥了特殊作用。因为是母亲，欲望才被激发，才被满足。

关于教皇和上帝同样也是如此。在小说很多章节之后，朱斯蒂娜遇到了教皇，当然跟这位教皇经历了很多可怕之事，在此之前教皇有一段长长的话语，他说："上帝，你知道，上帝不存在，我在这个位置再清楚不过了！"说完他捞起朱斯蒂娜,把她放在圣皮埃尔教堂圣皮埃尔的墓上跟她做爱。然而,如果上帝不存在,这样做有什么意思呢?这儿并不比其他地方更舒适!如果理性话语消除了上帝、灵魂、自然、法律(所有在人世间需要遵守的东西),那么说到底,话语是否也消除了所有这些特别偏好的放荡对象?比如对上帝的侮辱、被嘲弄的自然、被侵犯的人际关系等等。

我认为到了这一阶段,应该进一步研究萨德的话语。有极少一部分话语,可以说是典型的18世纪话语,是"遗传基因学"的话语,萨德用这种话语说道:"上帝不存在,上帝是从前人们面对自然现象感到恐惧的产物,在人们最初的不安和焦虑中,上帝的形象逐渐形成,因此我们不需要尊重上帝的形象,因为它的来源不过如此。"这是18世纪晚期典型的激进理性主义话语;但萨德极少使用这样的话语。萨德的话语主要是以另一种相反的方式建立起来的。它着力要说的,并非"上帝不存在,所以它既不善良也不邪恶",而是"上帝是邪恶的,既然上帝是邪恶的,上帝的邪恶与其全能、无限善等等形成矛盾,因此,上帝必须是不存在的"。又或者,萨德不说:"母性联系不存在;母亲和其他人没有两样,因此不需要追问她是好是坏,跟她做爱是善是恶。"他说:"我母亲跟我父亲在一起享受了快感,她在享受这快感的时候并没有考虑到从中会产生的我，因此她是邪恶的，如果她是邪恶的，她就不是善良的。然而，母亲的本质总是善良的；所以母亲不存在。"因此萨德从来不是从对于不存在的确认或肯定来推断出可以无视法律和禁忌，而是从相关事物的邪恶性来推断出它们的不存在，这有着极大的不同，这也造成了很多相当困难的逻辑问题。

总体而言，论证策略如下：上帝是邪恶的；然而这跟一个完美的，被定义为全能与善的上帝的存在是矛盾的。因此上帝不能也不应该存在。萨德的话语等于在说：上帝越恶，就越不存在，而如果上帝是善的，就会存在。邪恶的上帝，不存在，如果比这更邪恶一些，就越不可能存在。从邪恶推断而来的不存在随着邪恶的增长而增长。关于自然，萨德进行了同样的推理。萨德不说："自然不存在，因此说自然是善是恶没有意义。"他说："自然在进行毁坏；它花费时间来创造生物，而一旦创造出来，它就赋予这些生物死亡的命运，或直接抛弃了它们；它们要么死于衰老，要么死于谋杀。总之，这些生物，自然使它们注定死亡，这是矛盾的。"因此，事物的自然属性在于，注定要死亡的这些生物转而反对自然，这种反对以两种方式进行：要么自相残杀，当一个生物杀害另一个生物时，它就做了自然所做之事；因此它遵守了自然法则，但是它在这样做的时候取代了自然的位置，这是谋杀自然的一种方式（每当我杀害某人，我就取代了自然，因此我谋杀了自然）。要么个体抵抗杀害，这时，它就保存了自然成果；它在遵守自然法则，但既然自然法则在于让生物体死亡，当一个生物体抗拒死亡的时候，它就在嘲笑自然，因为它在背对着自然行事。这层层矛盾，都是自然邪恶性的逻辑结论，我们会得出结论，自然不存在或者说自然越邪恶，自然就越不存在。这种话语在于指出"上帝是邪恶的，因此上帝不存在，他越邪恶，他就越不存在；自然是不存在的，因为自然是邪恶的；人际关系是不存在的，因为人是邪恶的"；从此类话语出发，我们能得出很多重要的结论。

第一个结论在于：萨德的逻辑是一种反罗素[①]的逻辑，或者可以说，罗素的逻辑是我们所能想象的最远离萨德逻辑的一种逻辑。罗素逻辑至少有一种形式是这样的："金山在加州"这一命题无法判别真假，除非将其分解，我们能首先判定金山存在，其次才能判定金山在加州。你们看到萨德的推理建立在完全相反的逻辑之上，因为他不说"自然存在着，**然后**

---

① 罗素（Bertrand Russell, 1872—1970）：是英国逻辑学家，认识论学者和政客。受过数学专业训练，著有《数学原理》，他研究的领域主要是公理体系与逻辑基础。从中产生的哲学被称为"科学"哲学，因为该哲学目标在于将逻辑分析应用于古典哲学问题，比如知觉或精神属性。他被视为分析哲学之父。

自然是邪恶的"，而说"自然是邪恶的，因此自然不存在"。这里是从一个赋予属性的判断引出对被赋予属性之物不存在的判断，这在逻辑上而言是不可想象的、难以实行的，这却是萨德逻辑的核心。因此这是跟罗素逻辑完全不同的一种逻辑；这种逻辑也不同于笛卡尔的逻辑。实际上如果你们来比较萨德的论证和笛卡尔本体论的论证，你们会发现二者恰好相反。笛卡尔的逻辑在于：上帝是完美的；然而，完美意味着存在；因此完美的上帝是存在的。他从赋予属性的判断出发得出存在判断。萨德是反笛卡尔的，如同反罗素一样，因为他从赋予属性判断出发，没有得出存在结论，而得出了不存在结论。从这个意义上而言，我们可以说萨德的逻辑是完全奇怪的，有别于笛卡尔建立在思想、思想存在以及可能性基础上的"直觉主义"逻辑，也有别于罗素的形式逻辑，萨德建立了这种在逻辑层面完全行不通的逻辑：从赋予属性判断出发，他得出了一个恰恰是被赋予属性之物不存在的判断。这就是萨德话语的前两个结论，如同我们接下来要看到的那样，这两个结论在整个西方哲学内部以一种绝对堕落和毁灭的方式发挥作用。

第三个结论，即这些不存在的奇怪东西，无论是上帝、他人、犯罪、法律、自然还是其他，完全不是18世纪意义上的幻觉。说不是幻觉，那是因为若是幻觉，一经发现，我们明显会有一种自由解放的感觉，这个我们发现只不过是幻觉的东西，我们跟它再无关联。这正是18世纪批评家——比如当他们论证上帝不存在或灵魂是幻觉时——的所作所为。论证一经完成，我们就得到了解脱，跟那些东西再无关联。而萨德，他并不将上帝、灵魂、自然和法律视为幻觉，而是视为怪物，视作他称为"怪物"①的东西。怪物，并不是不存在，而是当它越是它所是的样子，它就越不存在。上帝之所以是怪物，是因为当他越符合他的本质，当他越接近他所是以及他应是的样子，也即当他越邪恶时他就越不存在。上帝越接近他自身的邪恶，自然越接近它自身的暴戾，二者就越不存在。18世纪的幻觉，指的是不存在之物，我们应当摆脱之物，而萨德的怪物指的是，越是它所是的样子就越不存在之物。

第四个结论，也即，如果上帝确实是越邪恶就越不存在，那么究竟是什么在增加他的邪恶？是什么让他变得越来越邪恶？是什么让他因此越来越不存在？这种邪恶究竟是什么？上帝的邪恶在于让人遭到其他人的杀害，在于有德之人成为其他人邪恶手段的受害者，上帝之所以邪恶，是因为有一些放荡者让美德遭到迫害，而让罪恶彰显胜利；总之，让上帝越来

---

① 原文用的是chimères这个词，这个词指的是希腊神话中狮头羊身龙尾的吐火怪物。——译注

越邪恶，让上帝的邪恶不断增加的，如果不是放荡者的存在，还能是什么呢？放荡者越多，放荡者越放荡，上帝的邪恶就不仅越得到证明，而且越得到实现。放荡者，即上帝邪恶的化身，如果耶稣基督确实是上帝善的化身，那么放荡者就是上帝邪恶的化身，放荡者越多，上帝越邪恶。而我们刚才看到，上帝越邪恶就越不存在；因此，放荡者的增多以及放荡行为的增多会越来越证实上帝的不存在，也因此，上帝的不存在并非一个理论性的论点，该论点可以通过推理演绎得出，一劳永逸地被视为真理，并且我们能演绎出推理过程。上帝的不存在是随时被作为上帝的邪恶来实现的东西，是作为上帝的邪恶在行动上、在人身上、在放荡者行为中体现的东西。因此欲望和真理，或者说放荡者的欲望和上帝不存在的真理之间，绝非一种因果关系，而是一种更为复杂的关系：因为上帝是邪恶的，所以存在放荡者，也因此存在残忍的欲望，放荡者越多，欲望越残忍，上帝的不存在就越真实。上帝不存在这一真理与标志的增加，二者在一种难以言明的任务中互相关联。增加我们的欲望，增加我们的邪恶，不断加剧我们欲望的残忍度，上帝就将越不存在。真理与欲望的联系实现了怪物的怪异，让上帝、自然、法律或灵魂这一怪物越来越怪异，也就是说越来越像个怪物，也就是说越来越不存在，并且随着它越来越不存在,它变得越来越邪恶,越来越怪异,等等。因而,上帝永远不会跌落在彻底的沉默中,永远不会真正消失在欲望的地平线。上帝的不存在每时每刻都在话语和欲望中得到实现。

因此可以说,萨德的欲望并不像我们可能担心的那样,会消灭欲望对象,其实欲望和话语在攻击同一对象。说到底,刚才我跟你们说,很奇怪,萨德的话语只谈论上帝而不谈论欲望,当我注意到这一点时,我忘记了一个根本性的东西,那就是话语当然是在谈论上帝,但欲望也是冲着上帝,话语和欲望实际上对着同一个对象:上帝,不存在的上帝,每时每刻都应被摧毁的上帝……话语和欲望的这一联系,正是萨德话语中最根本性的东西。从这一点出发,我觉得推断出萨德话语的最后两种功能就相对容易了。

实际上这最后两种功能直面第一和第二种功能,并且在某种程度上限制、反对和质疑前面两种功能。第一功能是反阉割的功能,第二功能是在放荡者内部以及在放荡者和受害者之间做区分和辨识的功能。第四功能将反对第二功能,第五功能将反对第一功能,在这四种功能中间,有我刚才解释的第三功能,可称之为摧毁的功能。

第四种功能即竞争功能。萨德的话语总是相同的。确实，这四个论点总是不停地无尽地在重复。但如果我们仔细阅读的话，会发现这些话语有所不同，它们会根据不同的因素产生变化。情形不同，话语也有所不同。比如，当涉及夺取小芳丹继承的遗产时，话语就围绕着人际关系、多多少少神圣的义务、社会契约、社会认可等等。相反，当涉及布雷萨克对母亲产生欲望时，话语的主题就是家庭关系。因此根据对象的不同，话语也会相应变化。话语也会根据人物发生改变，人物的话语根据人物性格、社会地位和教育程度的不同而发生改变。

例如拉杜布瓦的话语。拉杜布瓦这个女人，正如她的名字所显示的，出身于平民百姓。[1] 她的话语大概可以归纳如下："自然在创造人类的时候，没有故意让人彼此不平等；总之它是按照同一个模型将所有人创造出来的；是社会制造了不平等。因此牺牲社会而去重新建立平等是自然的。然而，社会并不情愿人人平等，因为社会建立在不平等之上，那么只能通过暴力来重建平等。"她形成了一整套暴力理论，指出为了反对社会，重建一开始可能就存在的自然平等，暴力是必须手段。这样一种理论体系，我们当然只能在拉杜布瓦的话

---

① 拉杜布瓦：La Dubois，在法语中的字面意思为"木头做的"。——译注

语中发现,在萨德笔下的贵族人物话语中,我们找不出类似体系。

再比如教皇的理论体系。教皇有一种非常特别的体系,他首先指出,上帝当然是不存在的。对他而言,除了自然再无其他造物主,但自然并不善良。整个自然仅由一种毁灭的激情所生成,被这种激情贯穿。因此,人类只能做一件事,那就是反抗自然,每当一个人身上显露自然倾向,放荡者就应该拒绝这种自然倾向,去做自然命令以外的事。因为自然是邪恶的,因此人类应该蔑视这个自然,反抗这个自然。比如,自始至终践行肛交以避免生育。从那一时刻开始,会发生什么?如果人类永远都只实行肛交,人类最终会被摧毁,会消失,而这,教皇指出,正是自然所希望的,因为自然只要求一件事,那就是人类消失——最好的证据就是自然对人类穷凶极恶。这一体系,我们看到它多么适合教皇,恰好适合教皇。实际上教皇鼓吹的并非上帝,而是自然;并非宇宙之善,而是宇宙之恶;并非个体的拯救与繁荣,而是个体的毁灭;并非人类的永恒,而是人类的永远消失。如此,教皇的一切传统职能都在他的话语中被颠倒。

同样还有圣封的奇怪体系,以及其他一些体系,彼此不尽相同。因此,当我们去看这些话语的种子,当我们从被普遍承认的四个论点层面看到四个论点的使用以及它们被阐释的方式，我们会发现每一位放荡者都有一种独特的方式来将四个论点串联在一起。每一位放荡者都有自己的方式来演示如何将这些论点组织在一起；这些论点是如何建立起来的；怎样才能证明它们的合理性；我们能从中得到的结论以及我们可以推断得出的犯罪实践或性实践。因此，并没有一种萨德的理论总体系，并没有一种萨德的哲学，并没有一种萨德的唯物论，并没有一种萨德的无神论。有的是理论的多重性，各种理论并列，相互之间只通过我们刚才谈及的四个论点网络进行交流。

凭借这张网络，这四个元素，我们得以建立起专属于某种情形或某个人的话语，这些话语如同一个个不同的结晶体，萨德将这四个论点呈现出的不同面貌称之为"体系"（système）。我们经常能见到一个人物对另一个人物说"说说你的体系""解释一下你的体系""你刚刚那样做是为什么？""陈述一下你的体系"等等。这一体系就是我刚才提到的四个论点就某个具体情形、就某个人形成的特殊结晶。因此，这就解释了话语的第四功能如何对抗第二功能，这些话语产生（在放荡者和受害者之间做出辨识和区分的功能之外）另一种功能，即在放荡者内部区分出不可混淆的独立个体，这些个体以各自的体系作为特征，因为每个人的体系都不一样。因此，并没有一个放荡的总体系，而是每个放荡者都拥有一个自己的体系，这些体系形成了个体特质，或者说形成了萨德所谓个体的非常规性。每个个体都是非常规的，他独有的非常规性通过他的体系表现出来，由他的体系所象征。然而这些体系是如此不同，将似乎是从第二功能涌现出来的放荡者团结联盟分裂开来，将这一连续的、同谋的与合作的放荡世界分裂开来，这些体系使得放荡者彼此不可取代，不可代替，使他们彼此分离。

因此，放荡者会拥有或强或弱的体系，根据体系是强是弱，放荡者可能被征服，或者相反，征服其他放荡者。体系最终就如同放荡者的工具，之前，正如我们刚才看到的那样，放荡者的无比自由是受到限制的，因为他们没有权利杀死对方，现在我们突然在更为细致的话语第四功能中发现，这一限制消失了，跟狼群不同，放荡者会互相吃掉对方；一个放荡者可能杀掉另一个放荡者，当他的话语比对方话语更强势的时候，他可以杀掉对方。典型的例子比如像克莱维尔和朱丽叶特决定杀死波若兹：她们俩有一位亲密同谋、一位放荡的好伙伴——波若兹公主。结果波若兹的哲学观点表现得没有克莱维尔和朱丽叶特的观点强大。波若兹持有一种不那么强大的哲学观点，她相信三名放荡者之间的关系神圣不可侵犯，因此未存任何疑心；结果她没有将犯罪不存在、一切皆有可能的论点坚持到最后；因此她承认有一种可能的犯罪，即杀害放荡同伴；因此在进行这一犯罪面前，她退缩了。因此，她的体系会比克莱维尔与朱丽叶特的体系弱一个环节。克莱维尔与朱丽叶特对波若兹的攻击正是对准她体系中的这一弱点进行的，对她设下陷阱。波若兹由于不相信放荡者之间的关系会被打破，没有注意到陷阱，跌落其中，正是她体系的弱点使得其他人杀了她。如此，当我们深入其中的时候就会发现，规定放荡者之间不得互相攻击、不得互相杀害的法则行不通了，因为，如果说四个论点使得放荡者能够互相辨识，使其在欲望领域处于跟受害者截然不同的位置，那么，从这四个论点构建出来的众体系之间的不同就使得放荡者之间存在不断的斗争、无尽的斗争，最终仅让他们中间的唯一一个人存活下来：朱丽叶特。最终朱丽叶特正是如此牺牲了她所有的放荡伙伴：克莱维尔、圣封，当然还有波若兹。所有人都消失了，剩下的唯有朱丽叶特，出于纯粹放荡理由陪伴其左右的，一边是努瓦瑟，另一边是充当她女仆的拉杜琅。这就是萨德话语的第四功能。我们很容易便可从中推断出第五功能。

接下来讲话语的第五功能。如果话语确实如我们一开始相信的那样将放荡者与受害者区分开来，如果话语确实在放荡者内部区分出彼此，如果话语确实不仅是一切放荡者在一切受害者面前佩戴的徽章，而且也是放荡者彼此之间的斗争工具，那么话语就将放荡者置于死亡的威胁之下；也就是说如果放荡者用自己的话语面对其他放荡者的话语，他就可能会死亡。此外，不仅他可能面临死亡的危险，而且如果他将自己的话语推至极点，就必须承认死亡不仅可能降临在他身上，而且死亡是可能降临在他身上最美妙的事。确实，如果自然真的不存在、灵魂不是不朽的、上帝不存在、没有任何真正的犯罪，那么对某个人而言，甚至对放荡者而言，什么是死亡？自杀以及接受死亡，这难道不是对自然最大程度的冒犯吗？确实，自然创造了我们，刚把我们创造出来它就立即抛弃了我们，仅仅给我们留下生存的需要，这可以说是它创造我们这一动作留下的唯一痕迹。一旦我们放弃这一生存需要，一旦我们将这生存需要转变成死亡需要，我们就开始对抗自然，嘲弄自然，我们就对自身犯下了极罪，一旦成为极罪，显然也就成了极乐。因此，在我们接受死亡之时，我们也就达到了性兴奋的极点。这正是为什么萨德笔下的那些放荡者，虽然竭尽全力避免死亡，但情非得已之时，他们都能接受死亡。布雷萨克［……］[1]直至殉难。他

---

① 此处无论在现场记录稿还是福柯手稿中均不可辨识。

承认说，如果遇到一个比他强的人，他愿意接受那个人的支配甚至愿意被那个人杀害。波若兹说她在断头台上会是幸福的，因此，当她被克莱维尔和朱丽叶特扔到火山里的时候，可以设想在她身体沿着石块被撕裂之时，她抵达了快感的巅峰。"这世间我最不畏惧的事，就是被绞死；你不知道吗？"朱丽叶特用暴力的语言说道，"人们在被绞死的时候会如释重负。如果我被判刑的话，你会看到我无耻地飞奔到绞刑架下。"拉杜琅说："毋庸置疑，死亡作为自然需要，会变成一种快感，因为我们有充分的证据证明一切生命需要只不过是种种快感。"还有一名相当令人吃惊的瑞典女人，要求情人杀死自己，情人当然没有犹豫，因为是她提出的请求，或更确切地说，如果这位想折磨她的情人有些犹豫，那也是因为担心她在赴死的时候感觉不到太多的快感。但是他打消了顾虑，杀死了她。你们看到，从这时起，在第五功能里我们发现了跟第一功能里形式完全颠倒的东西。在第一功能里，个体得到保证，他的欲望绝对不会受到任何限制，他几乎完全不会受到阉割，整个宇宙都会进入他的自恋征程，他的任何东西永远都不会遭到牺牲。第一功能向个体保证再也没有人能对他说"你要放弃这放弃那才能成为你自己"，而现在第五功能说"你在人生中能获得的最大快感，是你的个体性消失的那一天"，如此你们便看到第五功能是如何对抗第一功能的。

现在你们可以看到萨德话语的各种功能构建而成的大厦全貌，处于中枢部位的是我称为摧毁性的第三功能，共同参与构建的有反阉割功能以及与之对立的个体取消自我的功能，有辨识与区分功能以及与之对立的斗争、竞争和战斗功能。同时你们能看到对这四种功能的分析是如何帮助我们来勾勒萨德作品中的核心概念的：反阉割功能精确定义了我们所说的放荡者；区分功能定义了所谓受害者；摧毁功能定义了萨德所谓的怪物；竞争与斗争功能定义了萨德所说的体系。最终，最后一个功能定义了个体，或者说，定义了个体自身什么都不是，因此作为第五功能的结论，必须在我们作为出发点的四个论点之后加上第五个论点：个体自身不存在。

最后，我想说一定要小心避免用两种阅读模式来阅读萨德。第一种是弗洛伊德模式。萨德的话语完全不是为了言说关于欲望的真相，我认为理解这一点是很重要的。萨德并不试图分析或解释何为性欲，何为性。在萨德作品中，欲望并非理性话语的对象；实际上，真正的话语和欲望处于同一平面，互相深入地连接。真正的话语使欲望不断增长，不断深入，变得无穷无尽，而欲望使得话语越来越真。因此并没有一个欲望层面，其上叠加一个话语层面，一个自然层面，然后有一种真相来照亮这一自然；并非如此。实际上，话语和欲望互相连接，互相啮合；欲望和话语之间不是从属关系，二者根据一种无序之秩序组织在一起。在此意义上而言，我觉得无法比较萨德的话语和弗洛伊德的话语；如果说弗洛伊德话语的功能与作用在于言说关于欲望的真理，如果这一点至少是真的，如果弗洛伊德的确想要言说一种自然的、心理的或哲学的真理，无论哪一种，如果他想要言说关于欲望的真理，那么弗洛伊德话语与萨德话语就是绝对不兼容的。唯一可能提出的反对意见是：精神分析学的作用并不在于言说关于欲望的真理，弗洛伊德并不想要言说关于欲望的真理；弗洛伊德也许并不想将欲望归入真理领域。也许精神分析诊所的作用，精神分析领域话语的作用，并不在于将欲望归入一个真理的世界，而是将欲望和真理在它们的基本关系中重新连接起来。在这种情形下，不是弗洛伊德可能帮助我们阅读萨德，而是萨德可能帮助我们阅读弗洛伊德，因为这正是萨德在他文本中所做的。他想要做的并非将可能曾被西方世界弃于谎言、幻觉和漠视中的欲望提升至真理的光明之下，他想要做的完全不是这个。他想要修复真理的欲望功能；他想要展现欲望的真理功能；他想要展现出真理和欲望如同一根缎带的两面，无尽地围着自身旋转。因此，我认为不应该按照这种传统的弗洛伊德观来阅读萨德。不应该说：在西方世界，没有人曾了解什么是欲望，然后萨德出现了，说了一些关于欲望的真理，再然后弗洛伊德出现了，说了另外一些真理。我再说一遍，萨德并不言说关于欲望的真理，他只是将真理与欲望重新连接起来。

对于理解萨德而言，第二个要避免的模式是马尔库塞[①]模式。简言之，可以说，对马尔库塞而言，要在一种真正的话语中将欲望从束缚它的一切桎梏中解放出来。马尔库塞式的人物会如是说：直到目前为止我怀着犯罪感所做下的事，我现在知道其实是无罪的，在消除所有这些幻觉之后，我将能无辜地去做，也就是说幸福地去做之前怀着犯罪感做下的事；或者我能够（对马尔库塞而言这样做更好）再也不做了，因为通过犯罪感得到的自我惩罚的快感已经荡然无存。如此，我要么完全无辜地去做，要么再也不做了，有一些事是我再也不做的，因为已经不再有犯罪感带来的快感，另一些事我可以无辜地去做，没有犯罪感，也就是说怀着满满的幸

---

① 马尔库塞 (Herbert Marcuse, 1898—1979)：德国裔美国哲学家，法兰克福学派成员。深受黑格尔、马克思、弗洛伊德与胡塞尔影响，他指出以捍卫现实原则作为形式的压抑话语，以捍卫一种人类解放观。

福感去做。萨德式人物则不会这样说，他不会说：将我们自己从所有的束缚中解放出来并放弃欲望。萨德式人物会这样说：我知道我不需要去悔恨，但我会面临一个很大的危险。那就是，如果我不再有悔恨，我在犯罪的时候还会有快感吗？如果我不再有悔恨，要让我在犯罪的时候还能得到极大快感，是不是犯罪得还不够充分？因此我需要继续在最严重的罪行中体会到最强烈的快感。因此对萨德而言，不同于马尔库塞，真理与欲望的联系完全不是通过重获的无辜、消除的罪恶感来实现的，完全不是通过最终获得的秩序来实现的。萨德作品中二者的关系是通过延续不断的犯罪和永恒的无序来实现的。

我认为正是在这个意义上，萨德的思想是我们理解弗洛伊德和马尔库塞，对他们进行定位的参照与起点；而我们不应该以弗洛伊德或马尔库塞的模式来解读萨德的文本。萨德，将欲望从对真理的隶属关系中解放出来，而在我们的文明中欲望曾一直为真理所束缚。萨德，确实是用一种运动代替了柏拉图的宏伟大厦，在萨德的运动中，欲望和真理直面对方，互相对峙，在同一个螺旋形内部互相占有，而在柏拉图的宏伟大厦中，欲望被笼罩在真理的统治之下。萨德确实将欲望从真理中解放出来；这并不意味着萨德说过:"最终,相对于欲望而言,真理有什么重要的呢?"萨德说的是:"欲望和真理既不互相从属,也不能互相脱离。"萨德说的是:"欲望只有在真理中才是无拘无束的,真理只有在欲望中才能前行。"这丝毫不意味着,最终在一种重获的幸福或宁静当中,欲望和真理会形成一种最终形象。这意味着欲望和真理会永无止境地滋长,滋长于欲望的翻腾、闪烁与无尽延续中。

福柯关于文学的著述

福柯做了很多关于文学作品或作者的评论，过去当代均有涉及，也有很多关于写作或关于语言的论述。一些出现在著作中——《雷蒙·鲁塞尔》(1963) 这样独立成本的除外，比如:《古典时代疯狂史》(1961) 中对拉辛戏剧作品和对狄德罗《拉摩的侄儿》的分析;《词与物》(1966) 中对塞万提斯《堂吉诃德》的分析;《性史》第一卷 (《认知意志》,1976) 中对《我的秘密人生》的分析，第三卷 (《自我观照》,1984) 中对阿特米多鲁斯《解梦》(*L'Onirocritique* d'Artémidore) 的分析。

但绝大多数论述都出现在"书外"，被收录进四卷本的福柯《言与文》中，这套书由达尼埃尔·德菲尔 (D. Defert)、埃瓦尔 (F. Ewald) 和拉格朗日 (J. Lagrange) 主编，伽利玛出版社1994年出版。

比如有(列举的只是《言与文》中的一部分):

《青蛙的周期》(第一卷,1962年,关于布里赛),《如此残酷的知识》(第一卷,1962年,关于小克雷比雍),《父亲的"不"》(第一卷,1962年,关于拉普朗什的《荷尔德林与父亲问题》),为《卢梭,让-雅克的判官》所做的《序言》(第一卷,1962年,关于卢梭),《僭越序言》(第一卷,1963年,关于巴塔耶),《窥伺来日》(第一卷,1963年,关于拉波特),《距离、面貌、根源》(第一卷,1963年,关于鲍德里、普雷奈、索莱尔斯),《一种恐怖的"新小说"》(第一卷,1963年,关于阿利耶),《图书馆的一种"魔幻"》(第一卷,1964年,关于克洛索夫斯基),《阿克泰翁的散文》(第一卷,1964年,关于克洛索夫斯基),《空间语言》(第一卷,1964年,关于拉波特、勒克莱齐奥、奥利耶、布托尔),《为何要重新出版雷蒙·鲁塞尔?一位现代文学先驱》(第一卷,1964年,关于雷蒙·鲁塞尔),《淌血的文字》(第一卷,1964年,关于克洛索夫斯基),《让-皮埃尔·理查的〈马拉美〉》(第一卷,1964年),《写作的义务》(第一卷,1964,关于奈瓦尔),《追寻逝去的现在》(第一卷,1966年,关于狄博铎),《后-寓言》(第一卷,1966年,关于凡尔纳),《域

外思想》(第一卷,1966年,关于布朗肖),《会有丑闻,但……》
(第二卷,1970年,关于居由达),《关于第七天使的七言》(第
二卷,1970年,关于鲁塞尔、布里赛、沃尔夫森),《真理与司法
形式》(第二卷,1974年,有关于希腊悲剧的长篇论述,尤其是
关于索福克勒斯的《俄狄浦斯王》),《性教官萨德》(第二卷,
1975年),《关于杜拉斯》(第二卷,1975年),《一种激情的考古
学》(第四卷,1984年,关于雷蒙·鲁塞尔)

关于一般性主题:

《无尽语言》(第一卷,1963年,关于18世纪末涌现出的
一种"翻腾的"语言),《关于小说的论战》(第一卷,1964年,
与《如此》杂志成员),《关于诗歌的论战》(第一卷,1964年,
与《如此》杂志成员),《人死了吗?》(第一卷,1966年,与博
纳富瓦的访谈,结尾论及文学),《这是两个词语之间的泳儿》
(第一卷,1966年,与博纳富瓦的访谈,关于安德烈·布列东),
《阿尔诺和朗斯洛〈唯理普遍语法〉序言》(第一卷,1969年,
关于波尔-罗亚尔的语言学),《作者是什么?》(第一卷,1969
年),《语言学与社会科学》(第一卷,1969年),《疯癫、文学、社
会》(第二卷,1970年),《写作盛日》(第二卷,1975年),《自我
写作》(第四卷,1983年)。

著作生平

米歇尔·福柯（1926—1984）

1946：进入巴黎高等师范学院。接受哲学与心理学教育。

1957：受法国外交部派遣，去瑞典、波兰和德国工作。

1961：《古典时代疯狂史》。

1963：《临床医学的诞生》。

1966：《词与物》。

1969：《知识考古学》。

1970：当选法兰西公学院教授。

1971—1972：与纳格（Pierre Vidal-Naquet）和多米纳什（Jean-Marie Domenach）创办"监狱信息小组"并参与其中。

1976—1984：《性史》（三卷）。

1994：《言与文》（四卷）。

1997：法兰西公学院授课内容开始发表。